MAURITIUS
RÉUNION
ON TOUR

W0059008

DER AUTOR

WOLFGANG RÖSSIG

hat seit über 30 Jahren ein Faible für tropische
Paradiese im Allgemeinen und kreolische Kultur im
Besonderen. Wenn er nicht gerade zwischen den
Korallenriffen vor Mauritius abtaucht, wandert er gerne
durch die urzeitlichen Kraterlandschaften von Réunion,
frischt seine kreolischen Sprachkenntnisse auf,
bewundert die Geduld der Modellschiffbauer, entlockt
den Einheimischen das 101ste Familienrezept
für Rhum arrangé und spürt den vielfältigen
Musiktraditionen der Inseln nach.

Unser E-Book-Code zur elektronischen Erweiterung des
POLYGLOTT on tour. Das kostenlose E-Book enthält die im
Reiseführer aufgeführten Adressen entlang der Touren,
beispielsweise zu Essen und Trinken, Shoppen, Aktivitäten
und Hotel-Tipps. Links auf einen externen Kartendienst
vereinfachen das Auffinden dieser Adressen.

WWW.POLYGLOTT.DE

SEITENBLICK
31 Mauritius persönlich
37 Traumstrände
78 Shopping
121 Wandern

ERSTKLASSIG
35 Prickelnde Aktivitäten
39 Schöne Hotels
40 Anregende Spas
53 Restaurants auf Mauritius
62 Restaurants auf Réunion
82 Mauritius / Réunion gratis
91 Märkte auf Mauritius
93 Erstklassige Strände
118 Märkte auf Réunion

ALLGEMEINE KARTEN
4 Übersichtskarte der Kapitel
44 Die Lage von Mauritius und Rodrigues
54 Die Lage von Réunion

REGIONEN-KARTEN
70 Mauritius, Norden & Osten
88 Mauritius, Süden & Westen
103 Rodrigues
112 Réunion, Norden/Westen
131 Réunion, Süden/Osten

STADTPLÄNE
73 Port Louis
117 St-Denis

6   TYPISCH

8 Mauritius, Rodrigues und Réunion sind eine Reise wert!
11 Was steckt dahinter?
12 50 Dinge, die Sie …
159 Meine Entdeckungen
160 Checkliste Mauritius, Rodrigues und Réunion

20   REISEPLANUNG & ADRESSEN

22 Die Reiseregion im Überblick
26 Klima & Reisezeit
27 Anreise
28 Reisen in der Region
32 Sport & Aktivitäten
39 Unterkunft
152 Infos von A–Z
155 Register & Impressum

42   LAND & LEUTE

44 Steckbrief Mauritius und Rodrigues
46 Geschichte im Überblick
47 Die Menschen
48 Kunst & Kultur
50 Feste & Veranstaltungen
52 Essen & Trinken
54 Steckbrief Réunion
56 Geschichte im Überblick
57 Die Menschen
58 Kunst & Kultur
60 Feste & Veranstaltungen
62 Essen & Trinken
158 Mini-Dolmetscher

SYMBOLE ALLGEMEIN

Erstklassig: Besondere Tipps der Autoren

Seitenblick: Spannende Anekdoten zum Reiseziel

Top-Highlights und
Highlights der Destination

66 MAURITIUS: DER NORDEN UND OSTEN

68 Tour ❶ Die Städte im Inselinneren
69 Tour ❷ Rund um die Nordspitze
72 Unterwegs im Norden und Osten

85 MAURITIUS: DER SÜDEN UND WESTEN

87 Tour ❸ Wo der Hochlandtee wächst
88 Tour ❹ Durch den wilden Süden
90 Tour ❺ Natur pur im Südwesten
91 Unterwegs im Süden und Westen

99 RODRIGUES

101 Tour ❻ Entlang der Nordküste und ins Hügelland
102 Tour ❼ Entlang der Südküste
104 Unterwegs auf Rodrigues

109 RÉUNION: DER NORDEN UND WESTEN

111 Tour ❽ In die Höhen und ans Meer
111 Tour ❾ In den Cirque de Cilaos
113 Tour ❿ Entre-Deux und Le Dimitile
114 Unterwegs im Norden und Westen

127 RÉUNION: DER OSTEN UND SÜDEN

129 Tour ⓫ Cirque de Salazie
130 Tour ⓬ Zu Seen, Wasserfällen und in den Urwald
132 Tour ⓭ Rund um den Piton de la Fournaise
133 Unterwegs im Osten und Süden

140 EXTRA-TOUREN

141 Tour ⓮ Eine Woche rund um Mauritius – Baden und Kultur
143 Tour ⓯ Zwei Wochen Mauritius & Rodrigues für Entdecker
145 Tour ⓰ Drei Wochen Inselhüpfen im Indischen Ozean
147 Tour ⓱ Zwei Wochen Réunion auf Schusters Rappen
149 Tour ⓲ Zwei vielseitige Wochen auf Réunion

	TOUR-SYMBOLE		PREIS-SYMBOLE	
❶	Die POLYGLOTT-Touren		Hotel DZ	Restaurant
❻	Stationen einer Tour	€	bis 50 EUR	bis 15 EUR
📖 A1	Die Koordinate verweist auf	€€	50 bis 80 EUR	15 bis 30 EUR
	die Platzierung in der Faltkarte	€€€	über 80 EUR	über 30 EUR
📖 a1	Platzierung Rückseite Faltkarte			

ZEICHENERKLÄRUNG DER KARTEN

- (Seite=Kapitelanfang) beschriebenes Stadtviertel
- 10 E h Sehenswürdigkeiten
- 10 Zwischenstopp Essen & Trinken
- 4 Tourenvorschlag
- Autobahn
- Schnellstraße
- Hauptstraße
- sonstige Straßen
- Fußgängerzone
- Eisenbahn
- Staatsgrenze
- Landesgrenze
- Nationalparkgrenze

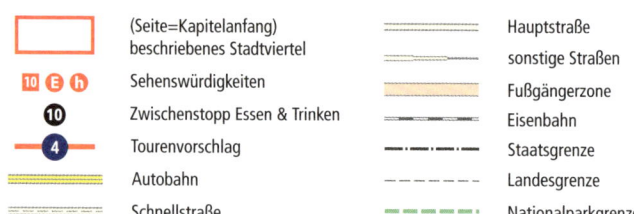

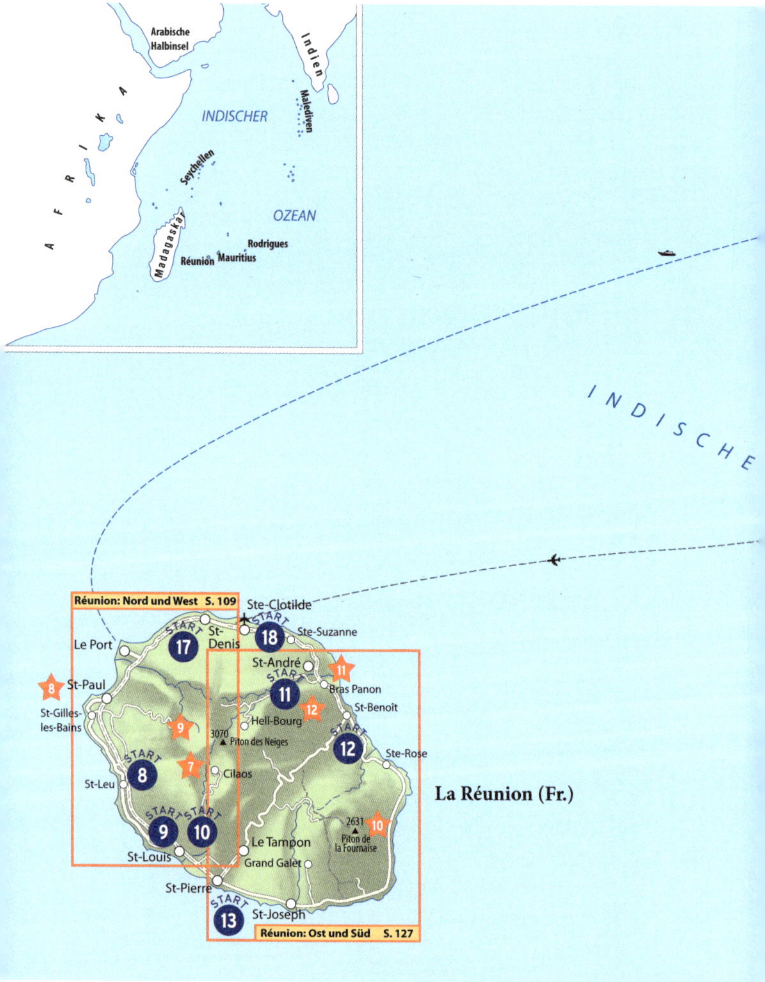

Arabische Halbinsel
Indien
AFRIKA
INDISCHER
OZEAN
Malediven
Seychellen
Madagaskar
Rodrigues
Réunion
Mauritius
INDISCHE
Réunion: Nord und West S. 109
Ste-Clotilde
START 18
Ste-Suzanne
START 17
St-Denis
Le Port
8 St-Paul
St-Gilles-les-Bains
St-André
START 11
11
Bras Panon
12
St-Benoît
Hell-Bourg
9
3070 Piton des Neiges
START 12
Ste-Rose
START 8
7
Cilaos
St-Leu
La Réunion (Fr.)
START 9
START 10
2631 Piton de la Fournaise
10
Le Tampon
St-Louis
Grand Galet
St-Pierre
START 13
St-Joseph
Réunion: Ost und Süd S. 127

TOP-12-HIGHLIGHTS

1 PORT LOUIS › S. 72

2 LA MAISON CRÉOLE EURÉKA › S. 75

3 TRIOLET › S. 77

4 COIN DE MIRE, ÎLE PLATE, ÎLOT GABRIEL › S. 81

5 PAMPLEMOUSSES › S. 81

6 TERRES DES COULEURS › S. 96

7 CIRQUE DE CILAOS › S. 111

8 ST-PAUL › S. 118

9 PITON DE MAÏDO › S. 122

10 VULKAN PITON DE LA FOURNAISE › S. 132

11 COOPÉRATIVE DE VANILLE DE BRAS-PANON › S. 134

12 BASSIN DE LA MER, BRAS-PANON › S. 134

Ile Plate

Ilot Gabriel

Coin de Mire

14 START

2 START

Grand Baie

Trou aux Biches

3 Triolet

1 Pample-mousses

5

Poste de Flacq

Port Louis

5 START

1 START

Mauritius

Flic en Flac

2

Quatre Bornes

Curepipe

Ile aux Cerfs

Tamarin

Mauritius: Nord und Ost   **S. 66**

6 START

Chamarel

Mahébourg

Rodrigues

Le Morne Brabant

Riambel

3 START **4** START **15** START **16**

Mauritius: Süd und West   **S. 85**

O Z E A N

0   50 km

N

Rodrigues

Port Mathurin

7 START

Pointe Coton

6 START

Port Sud-Est

Anse Mourouk

Plaine Corail

Rodrigues   **S. 99**

Mauritius

Réunion

Strand im Südwesten von Mauritius mit türkisblauem Meer, so weit das Auge reicht

TYPISCH

MAURITIUS, RODRIGUES UND RÉUNION SIND EINE REISE WERT!

Auf Mauritius palmengesäumte Strände, glitzernde Lagunen, türkisblaues Meer, ein schützender Ring aus Korallenbänken, auf Réunion die traumverlorene Kraterwelt der Cirques, bei der es Wanderer kaum verwundern würde, wenn Flugsaurier am Himmel erschienen. Auf dem kleinen Rodrigues fühlt man sich dagegen fast in eine tropische Normandie versetzt.

WOLFGANG RÖSSIG
hat seit Langem ein Faible für tropische Paradiese im Allgemeinen und kreolische Kultur im Besonderen. Wenn er nicht gerade zwischen den Korallenriffen vor Mauritius abtaucht, wandert er gern durch die Kraterlandschaften von Réunion, frischt seine kreolischen Sprachkenntnisse auf und spürt den Musiktraditionen der Inseln nach.

Schon als ich das erste Mal auf Mauritius landete, spielte die Insel gleich ihren ganzen Charme aus: mit duftenden Frangipani, strahlend roten Flamboyants, lila blühenden Jacaranda-Bäumen und purpurrot bis rosa leuchtenden Bougainvilleen. Und dazu das Meer, dass sich in 50 Shades of Türkisblau gefiel. Mindestens.

Die Blumen sind koloniale Importe, wie die Menschen. Aus Europa, Afrika, Madagaskar und sogar Melanesien sind sie gekommen, aus China und natürlich besonders Indien. Auf dem kleinen Mauritius gelang, was anderswo so schwer erscheint: eine friedfertige multikulturelle Gesellschaft mit stabiler parlamentarischer Demokratie. Und alle sprechen sie Kreol, das für mich zum wahren linguistischen Türöffner auf den Maskarenen wurde, denn ich hatte es bereits auf den Französischen Antillen gelernt. Zum fröhlichen Mitfeiern reichte es jedenfalls immer, und da sind die Mauritier höchst pragmatisch. Wenn die Christen Weihnachten feiern, beschenken sich auch Nichtchristen. Das Ende des Ramadan dient nicht nur Muslimen als Grund für einen Festschmaus. Zum chinesischen Neujahrsfest lassen auch christliche Chinesen Knallfrösche und Feuerwerk krachen, bis sich alle bösen Geister aus dem Staub gemacht haben. Auf der hinduistischen Wallfahrt Maha Shivaratree zum heiligen Kratersee im Süden der Insel pilgern auch Angehörige anderer Glaubensrichtungen mit, damit Shiva ihre schwarzen Seelen läutere.

Woher diese Toleranz kommt, erklären die Mauritier so: Da alle einge-
wandert sind, hatte niemand einen älteren, größeren Anspruch auf die Insel,
und die Abgeschiedenheit vom Rest der Welt sorgte für Zusammenhalt.
Auch beim Personal in den Luxushotels findet man alle Ethnien, die selbst
die überflüssigsten Dienstleistungen mit einem nie aufgesetzt wirkenden Lächeln begleiten. Die Touristen lächeln meist zurück, denn sie sind entweder
in den Flitterwochen oder auf Verwöhnurlaub und fast so handverlesen wie
das Personal. Mauritius setzt nämlich recht konsequent auf betuchte Urlauber, die sich dann allerdings auch mehr für manikürte Strände und nach
Ylang Ylang duftende Wellnesstempel interessieren als für kulturelle Fragen.

Das heißt, so ganz stimmt das nicht mehr. Erfreut konnte ich feststellen,
dass immer mehr kleine Privatpensionen Individualtouristen empfangen,
wie das auf Réunion schon immer so war. Es lohnt sich nämlich, die Strand-
paläste aus Marmor, Bambus und Teak zu verlassen, um das »echte« Mauritius kennenzulernen. Das verschlafene Hafenstädtchen Mahébourg hat seine kolonialen Holzfassaden noch nicht durch Neubauten ersetzt wie die
Hauptstadt Port Louis, und abseits der Zuckerrohrfelder locken bizarre,
über 800 m hoch aufragende Berge und Naturreservate mit Urwäldern,
Wanderwegen und Wasserfällen für Abseiling-Fans.

Schade, dass mauritische Kultur in den Resorts nur in homöopathischen
Dosen verabreicht wird, meist in Form eines verwässert wirkenden Séga-
Spektakels. Die Darbietung des Nationaltanzes von Mauritius ist zwar ein
Augenschmaus, doch echte Leidenschaft erlebe ich eher in kleinen Dorfdis-
kotheken. Kaum legt der DJ eine aktuelle Scheibe Seggae, eine Kombination

Die Regatta der Fischerboote in Mahébourg auf Mauritius
mit ihren bunten Segeln

Durch die hohe Luftfeuchtigkeit gedeihen die Pflanzen auf Réunion besonders gut

aus Séga und karibischem Reggae, auf, stürzen die Einheimischen jeglicher Couleur jauchzend auf die Tanzflächen: Zum Teufel mit der Authentizität!

Auch die »Fusionsküche« der Luxusquartiere ist mir etwas zu manikürt. Glauben Sie mir, wer nicht wenigstens einmal ein echtes mauritisches Curry probiert hat, höllisch scharf und unschlagbar preiswert, der hat etwas verpasst. Auch die Rougaille der Kreolen gibt's zum Spottpreis in jeder Garküche der Maskarenen. Auf Réunion kochen selbst einfache Lokale oft verblüffend raffiniert, und überhaupt ist hier alles etwas französischer, von der Landschaft mal abgesehen. Es gibt nicht wenige, die Réunion für das schönste tropische Fleckchen Frankreichs (und damit der EU) halten. Die Preise sind zwar leider auch französisch, doch kann man hier in einer charmanten Gîte in den Bergen absteigen, liebevoll zubereitete Küche, einen Rhum arrangé nach altem Familienrezept und wertvolle Wandertipps inbegriffen. Tagelang kann ich durch die urzeitlich wirkenden Kraterkessel Cilaos, Salazie und Mafate wandern. Am fabelhaften Panorama vom Kraterrand des Piton de Maïdo auf die Bergwelt und den Piton de Neiges werde ich mich nie sattsehen. Auch der Ausflug in die bizarre Lavawelt des Piton de la Fournaise ist ein Erlebnis, das gelegentlich sehr feurig ausfällt. 2019 waren Touristen gerade mit einem Helikopter über dem Krater unterwegs, als der ihnen plötzlich glühende Lava entgegenschleuderte. So geht Abenteuertourismus! Wann kommen Sie?

WAS STECKT DAHINTER?

Die kleinen Geheimnisse sind oftmals die spannendsten. Hier werden die Geschichten hinter den Kulissen erzählt.

WARUM ZEIGT DAS BIER VON RÉUNION EINEN VOGEL IM ETIKETT?

Ein etwas plumper, truthahnähnlicher Vogel mit einem riesigen Schnabel – ein Dodo – ziert das Etikett der Biermarke Bourbon von Réunion. Der flugunfähige Vogel war einst auf der Insel heimisch und wurde wegen seines runden Hinterteils von den ersten niederländischen Seefahrern Dodo getauft. Da sich rasch herumgesprochen hatte, wie schmackhaft der Vogel war und dass er mit seinen Stummelflügeln nicht davonfliegen konnte, war er bald bis auf das letzte Exemplar verspeist. 1681 soll der letzte Dodo lebend gesehen worden sein.

WAS BEDEUTET DER PUNKT AUF DER STIRN EINER HINDUFRAU?

Früher trugen verheiratete hinduistische Frauen einen roten Punkt auf der Stirn, den sogenannten Segenspunkt oder das dritte Auge (Bindi), als Zeichen ihres Ehestandes. Heute wird oft auch von unverheirateten Mädchen und Kindern ein solcher Punkt als Schmuck aufgetragen, sowie als Zeichen der Zugehörigkeit zu einer Bevölkerungs- oder Religionsgruppe verwendet. Bei Tempelfesten und Prozessionen werden die Teilnehmer und Besucher oft gesegnet, indem ihnen der Priester einen Punkt auf die Stirn malt.

WARUM WIRD AUF DEN INSELN ZUCKERROHR ANGEBAUT?

Weitläufige Zuckerrohrfelder prägen auf Mauritius und Réunion das Landschaftsbild. Früher wuchsen hier Baumwolle, Kaffee und Tee, aber immer wieder zerstörten Wirbelstürme die Ernten. Einen Hurrikan übersteht nur eine robuste und biegsame Pflanze, die nicht umknickt und auf nährstoffarmem Boden gedeiht. Zuckerrohr erfüllt alle diese Kriterien. Heutzutage sind von den einst über 100 nur noch je zwei Fabriken pro Insel geblieben, in denen aus dem Zuckerrohr Zucker und Rum hergestellt werden.

WARUM HÜLLEN SICH DIE BERGE RÉUNIONS NACHMITTAGS IN WOLKEN?

Die hohen Berge von Réunion (bis 3069 m) zwingen die feuchten Luftmassen, die der konstante Ost-Südost-Wind herbeibläst, zum Aufsteigen. Am Morgen findet man deshalb Wolken an den Bergen der Inselostseite. Diese schieben sich im Tagesverlauf immer weiter nach Westen. Die Sonneneinstrahlung verursacht zusätzlich eine Wolkenbildung durch Verdunstung. Für den Wanderer bedeutet dies, früh aufzustehen. Dunst beeinträchtigt die Fernsicht ab etwa 10 Uhr, gegen 12 Uhr blickt man vom Gipfel des Maïdo über ein Wolkenmeer.

50 DINGE, DIE SIE …

Hier wird entdeckt, probiert, gestaunt, Urlaubserinnerungen werden gesammelt und Fettnäpfe clever umgangen. Diese Tipps machen Lust auf mehr und lassen Sie die ganz typischen Seiten erleben. Viel Spaß dabei!

… ERLEBEN SOLLTEN

1 **Schnorchelparadies** Auf Réunion am Strand von L'Hermitage-les-Bains › S. 120 mit der Schnorchelbrille einfach losschwimmen und die bunte Unterwasserwelt bestaunen – selten ist ein Korallenriff so nah an der Küste gelegen.

2 **Steife Brise** Die Halbinsel um den Le Morne Brabant › S. 94 ist das windigste Gebiet von Mauritius. Der deutschsprachige Veranstalter Air Switch ▮ B7/8 bringt Kitesurfer samt Equipment zu den besten Spots (Le Morne, Tel. 57 56 26 27, www.kitesurfing-mauritius.net).

3 **Putten mit Aussicht** Das Hotel Constance Belle Mare Plage › S. 83 an der Nordküste von Mauritius hat zwei 18-Loch-Golfplätze direkt am Meer (www.constancehotels.com). Beim Golfen heißt es: Nicht vom Meerblick ablenken lassen!

4 **Segeltörn** Eine Fahrt mit dem Segelboot gehört bei einem Mauritiusurlaub einfach dazu. In den schönsten Sonnenuntergang von Mauritius segelt man mit Katamaran Cruises ab Black River ▮ E7 (Mahébourg, Tel. 5728 3030, www.catamarancruisesmauritius.com).

5 **Welt ohne Straßen** Mit seinen schroffen Berghängen ist der Talkessel Cirque de Mafate auf Réunion nur zu Fuß zugänglich. Vom Aussichtspunkt am Piton de Maïdo › S. 122f. geht ein steiler, anspruchsvoller Weg 1000 m hinunter.

6 **Magischer Sonnenaufgang** Topziel für Wanderer auf Réunion ist der Piton des Neiges › S. 126. Es empfiehlt sich, in der Hütte Caverne Dufour ▮ c3 am Fuß des Gipfels zu übernachten und noch vor Tagesbruch ganz hinaufzusteigen (Reservierung: www.explorelareunion.com).

7 **Nacht auf dem Vulkan** Wer zum Piton de la Fournaise › S. 139 auf Réunion wandern möchte, sollte eine Nacht in der Gîte du Volcan ▮ e4 verbringen und am nächsten Morgen durch die Mondlandschaft der Kraterregion marschieren.

8 **Im Feenwald** Bartflechten hängen von knorrigen Ästen, Baumfarne recken sich zum Licht – auf den Wegen ab der Gîte de Bélouve ▮ c/d3 auf Réunion wandert man wie durch einen Fantasyfilm › S. 130.

9 **Wärme aus der Erde** Im Wald zwischen Bras Sec und Cilaos ▮ c3 auf Réunion verstecken sich heiße

Der Blick vom Piton de Maïdo in den Cirque de Mafate ist atemberaubend

Quellen. Hinter dem Thermalbad in Cilaos beginnt der Pfad dorthin (ville-cilaos.fr/tourisme/indexTourisme.php).

10 Duschen unter dem Wasserfall An der Steilwand der Anse des Cascades › S. 135 auf Réunion erhält man unterm Wasserfall neben willkommener Erfrischung eine gratis Rückenmassage dazu.

11 Inselrelief Tiefe Schluchten, schroffe Abbruchkanten und riesige Krater zeugen von der vulkanischen Vergangenheit Réunions. Wer mit dem Helikopter von Corail Hélicoptère › S. 30 über sie hinweggleitet, dem stockt oft der Atem.

... PROBIEREN SOLLTEN

12 Mauritian Vanilla Tea Lassen Sie sich keinesfalls mit importierten Luxusteesorten abservieren – der auf Mauritius kultivierte und leicht aromatisierte Vanilletee schmeckt pur oder mit Milch getrunken besonders köstlich.

13 Lait Alouda Das gesunde, milchig-rosafarbene Kaltgetränk mit Basilikumsamen, Agar Agar und Rosenblütensirup gibt es in landestypischen Snackbars oder an Ständen auf Märkten. Basilikumsamen werden – wie Chiasamen – bereits als Superfood gehandelt.

Samoussas schmecken auf Mauritius und Réunion

14 Mine Frite Die mauritische Variante des chinesischen Nudelgerichtes kann man mit Soja- und Chiliöl individuell würzen › S. 52. Probieren Sie diese an Imbissständen, die von Einheimischen besucht werden.

15 Samoussas Die pikanten Teigtaschen werden auf Mauritius mit saftiger Füllung, auf Réunion klein und knusprig serviert › S. 62. Beide Varianten sind lecker und ideal für den Hunger zwischendurch.

16 Thé Indien Mit Kondensmilch aufgekochter und mit Kardamom, Nelken, Ingwer und Zimt gewürzter Schwarztee weckt die Sinne – egal ob in der Sommerhitze oder im kühlen Hochlandklima: Auf Mauritius trinkt ihn jeder überall.

17 Cari Poulet Das Nationalgericht von Réunion – Huhn in scharfer Tomatensoße mit Reis und Hülsenfrüchten – darf man sich im

Chez Doudou ▮ b3 an der Straße zum Piton de Maïdo › S. 122 nicht entgehen lassen (Tel. 02 62 62 32 55 87).

18 Punch des Îles Der Rumtopf wird mit frischen Früchten, lokalem Rum und Rohrzucker angesetzt. Serviert wird er in Hotelbars, Berghütten, Frühstückspensionen und Tables d'Hôte.

19 Romazava Der madagassische Fleisch- und Gemüseeintopf wird manchmal in kreolischen Restaurants auf Réunion serviert – er sorgt für ungeahnt köstliche Geschmacksexplosionen. Fragen Sie danach!

20 La Dodo Kein Fleisch ausgestorbener Vögel, sondern das lokal hergestellte und erfrischende Bier von Réunion versteckt sich hinter diesem Namen › S. 63. Es wird in Bars und Restaurants ausgeschenkt.

21 Zuckersüßes Bonbon Coco heißen die bunten Süßigkeiten aus Kokosraspeln und Zucker, die Kinder auf Mauritius und Réunion so lieben. Es gibt sie auf Märkten und in von Einheimischen geführten Tante-Emma-Läden zu kaufen.

... BESTAUNEN SOLLTEN

22 Flugkünstler In der Morgen- und Abenddämmerung lassen sich die Rodrigues-Flughunde *(fruit bat)* vom Garten des Hotels Escale Vacances › S. 105 auf Rodrigues bei ihrer Lieblingsbeschäftigung –Früchte essen – gut beobachten.

23 **Marktbesuch** Auf den Märkten in Port Louis › S. 73 auf Mauritius oder in St-Paul › S. 118 bzw. St-Pierre › S. 138 auf Réunion sollten Sie nach Kräuterständen Ausschau halten. Die Auswahl an Heilkräutern, Elixieren und Wundertees ist geradezu überwältigend.

24 **Kirche am Meer** Ein wunderbares Fotomotiv lockt am nördlichen Cap Malheureux  E2 von Mauritius: das rote Dach der Kapelle Notre-Dame Auxiliatrice hebt sich markant vor der Kulisse des Indischen Ozeans und von den vorgelagerten Inseln ab › S. 69.

25 **Paille en Queue** Weiße Paradiesvögel mit langen Schwänzen schweben aufs Meer hinaus! Die in Steilwänden nistenden Flugkünstler lassen sich am Morne Brabant B7/8 auf Mauritius und bei Baie aux Huitres b1 auf Rodrigues beobachten.

26 **Brautschleier** Voile de la Mariée d2/3 heißen die Wasserfälle, die Hunderte Meter tief über die Wand des Cirque de Salazie › S. 129 hinabstürzen. Den allerschönsten Blick darauf hat man vom Parkplatz kurz hinter dem Ortsausgang von Hell-Bourg in Richtung Mare à Citrons.

27 **Heiliger Ort** Ganga Talao am Grand Bassin G7 auf Mauritius ist die größte Pilgerstätte für Hindus außerhalb Indiens. Täglich kann man hier Gläubige bei den Vorbereitungen für Opfergaben sehen – es herrscht eine würdevolle Stimmung, die auch Andersgläubige zur Ruhe kommen lässt › S. 87.

Samstäglicher Markt in St-Pierre auf Réunion

28 **Erdwärme** Zuletzt brach der Piton de la Fournaise auf Réunion 2007, 2010 und 2018 aus. Die Lavamassen, die sich dabei über die Hauptstraße in den Ozean wälzten, sind immer noch nicht erkaltet – ertasten Sie die Wärme entlang der N 2 bei Le Tremblet  f5.

29 **Für Schwindelfreie** An der 110 m langen Hängebrücke, Pont des Anglais e3 auf Réunion, die 1894 das Architekturbüro Eiffel entwarf, blickt man über das tiefe Tal der Rivière de l'Est – Brücke wie Schlucht sind atemberaubend › S. 135.

30 **Freche Kerle** Beim Aufstieg auf den Aussichtsberg Piton Grand Bassin (702 m) C7 auf Mauritius werden Wanderer regelrecht von ihnen belagert – Makaken, die es auf Leckerbissen abgesehen haben. Das gibt tolle Fotos, aber Vorsicht: Die Affen können bissig sein!

... MIT NACH HAUSE NEHMEN SOLLTEN

31 **Rohrzucker** Vom flüssigen Sirop de Canne über die feuchte Melasse bis zum pulvrigen Braunzu-

Teepflückerin auf der Bois Chéri-Plantage, Mauritius

cker – Rohrzucker von Mauritius und Réunion ist von hervorragender Qualität – erhältlich in allen Supermärkten.

32 Tee Cordon und Bois Chéri heißen die lokalen Teemarken von Mauritius. Aus den feinen, hellgrünen Blättchen entsteht hochwertiger Tee, der z. T. aromatisiert wird und dann einen leicht sahnig-süßlichen Geschmack hat.

33 Rhum local Ob weiß oder braun, alt oder jung – Rum wird auf Mauritius wie Réunion aus Zucker-rohr gebrannt. Zum Aperitif gibt's *Ti Punch,* Rum mit Zitrone und Zucker, zum Digestif mit Kräutern angesetzten stärkeren *Rhum arrangé* › S. 63. Zu kaufen gibt es ihn im Supermarkt, in Fachgeschäften und am Flughafen.

34 Ananas Victoria Süß, saftig und sehr aromatisch – die auf Lavastein gereifte, kleinwüchsige Ananassorte, die es auf den Märkten aller drei Maskareneninseln zu kaufen gibt, hat Weltklasse. Im Handgepäck übersteht sie auch den Flug nach Hause.

35 Taschen Groß, klein, hoch, tief, bunt oder unifarben – die Körbe und Taschen aus breiten Vacoafasern oder Palmblättern kosten zwischen 20 und 50 €. Durch die unterschiedlichen Farben der Fasern ergeben sich hübsche Muster. Zu erwerben auf allen Märkten und (etwas teuer) an Souvenirständen.

36 Die echte Bourbonvanille So aromatisch wie auf Réunion lässt sich nirgendwo sonst Vanille erzeugen. Um sicherzugehen, dass die Schoten aus Réunion sind, gibt es Einkaufsadressen bei den Touristeninformationen, Wissenswertes bei der Coopérative de Vanille › S. 134.

37 Paté Piment Nichts für schwache Mägen sind Chilipasten, die in Supermärkten oder auf Märkten zum Kauf angeboten werden. Kreolen lieben ihre feurige Schärfe und fügen jedem Gericht ein paar Messerspitzen davon bei.

Séga-Aufführung in traditioneller Kleidung

38 Tomatenkonfitüre Probieren Sie mal Marmelade aus Tomaten, Goyaviers, Bananen oder Ananas – die fruchtig-süßen, aromatischen Brotaufstriche zaubern daheim die Sonne auf den Frühstückstisch.

39 Wundergewürz Kurkuma aus St-Joseph gehört zur kreolischen Küche wie Salz und Pfeffer und verleiht den Gerichten nicht nur einen besonderen Geschmack, sondern auch eine tolle gelbe Farbe › S. 136.

40 Séga-Musik Die Rhythmen des Séga transportieren die Lebensfreude der Maskarenen ins heimische Wohnzimmer. CDs von Alain Ramanisum und Casiya (Mauritius) oder von Baster und Emilie Ivara (Réunion) gibt es in Supermärkten und Musikfachgeschäften zu kaufen.

... BLEIBEN LASSEN SOLLTEN

41 Einfach losschwimmen Wo Wellen ungehindert ans Festland heranrollen und kein Riff vor Haien schützt, sollte man auf keinen Fall ins Wasser gehen! Sicherheitsrisiko durch Haiattacken und Strömungen › S. 32.

42 Schuhe anlassen Leder gehört nicht an heilige Orte, vor allem Hindus verbieten das Betreten ihrer Tempelanlagen mit Schuhen und Lederartikeln, insbesondere wenn diese aus Rind sind. Da gilt es Respekt zu zeigen › S. 77.

43 Topless bräunen Was im freizügigen Frankreich zur Regel gehört, ist auf Mauritius gar nicht angesagt: Oben ohne ist am Strand wie im Hotel verboten. Nur auf Réunion zeigt man sich toleranter und duldet *topless*.

44 Von der Klippe springen Durch scharfe Felskanten, unsichtbare Felsen oder seichtere Wasserstellen kann ein Sprung ins kühle Nass im Krankenhaus enden.

45 Über Absperrungen klettern In der réunionaisischen Bergwelt gibt es nach Regenfällen häufig Erdrutsche. Infos über gesperrte Wegstrecken sollte man vor jeder Tour im Internet oder bei der Maison de la Montagne einholen und niemals missachten › S. 38.

46 In der Dämmerung surfen Vor allem bei Sonnenauf- und vor Sonnenuntergang gehen Haie auf Jagd. Ein Wellenreiter, der liegend mit den Armen paddelnd übers Wasser gleitet, sieht für sie aus wie eine schmackhafte Schildkröte › S. 34.

47 Blumen pflücken Viele exotische Blumen sind geschützt, pflücken Sie deshalb niemals Pflanzen! Auf Märkten kann man sie kaufen, ebenso am Flughafen kurz vor Abflug und dann gut verpackt mit nach Hause nehmen.

48 UV- und Regenschutz vergessen Mag an der Küste die Sonne vom Himmel brennen, kann es einige Kilometer weiter im Landesinneren in Strömen gießen. Leicht gerät man ins Frösteln oder bekommt einen Sonnenbrand!

49 Zur Rushhour ins Auto steigen Besonders morgens zwischen 7 und 8.30 Uhr sowie nachmittags zwischen 16 und 18 Uhr droht Gefahr im Stau zu stehen – das ist unnötig und nervig!

50 Aufs Gaspedal treten Erstens verpasst man viele Kleinigkeiten am Wegesrand, zweitens wird es teuer: Wer die Höchstgeschwindigkeit überschreitet, wird daheim bald kostspielige Nachrichten von der Urlaubsinsel erhalten › S. 28.

Angraecum mauritianum, eine Orchideenart

Die Terres des Couleurs bei Chamarel
an der Westküste von Mauritius sehen
aus wie eine bunte Mondlandschaft

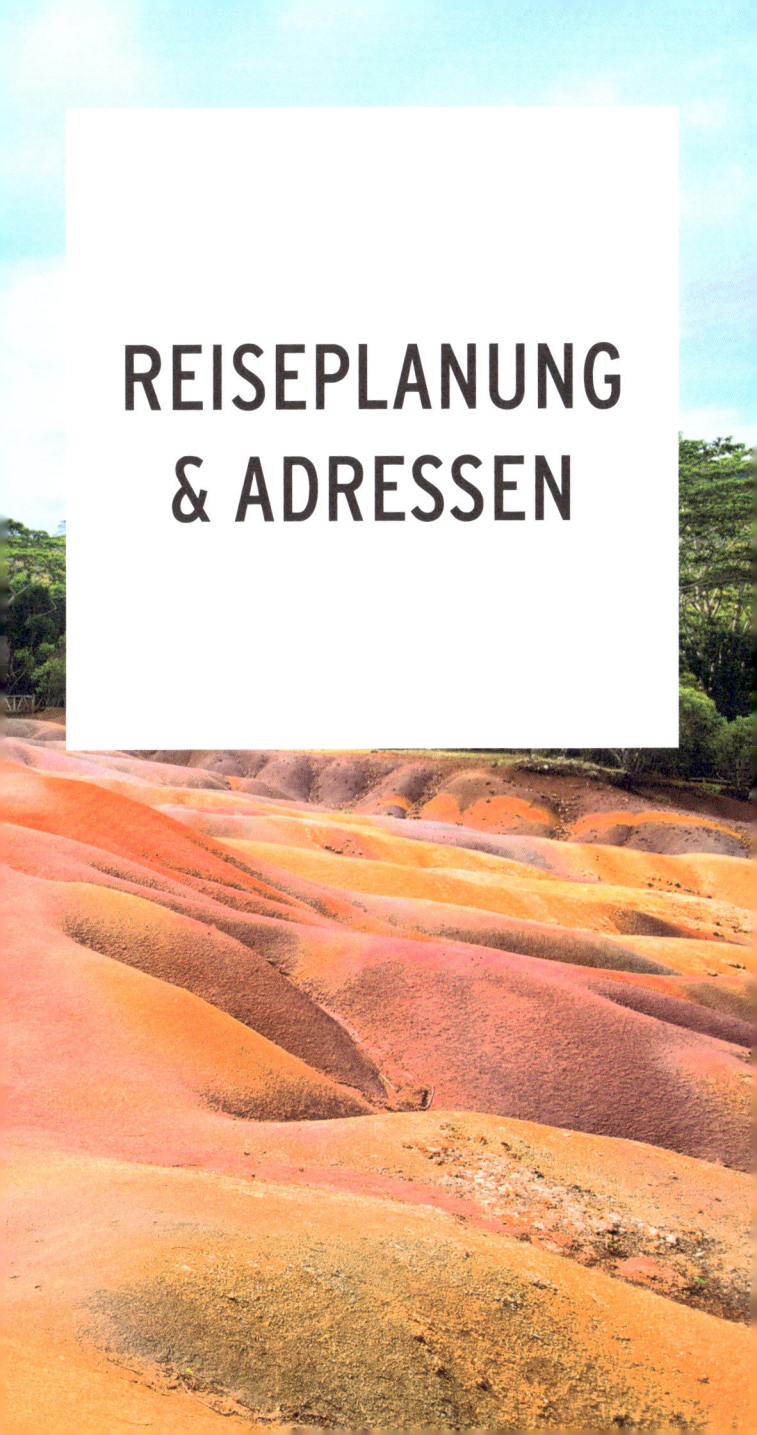

REISEPLANUNG
& ADRESSEN

DIE REISEREGIONEN IM ÜBERBLICK

Mauritius, Rodrigues, Réunion – mit diesen Namen verbinden sich Exotik, Palmen, blütenweiße Strände, blaues Meer, faszinierende Berglandschaften und Abenteuer.

Die drei Inseln im Indischen Ozean, dem wärmsten der Weltmeere, erfüllen mit ihren herrlichen Küstenabschnitten, den türkisfarbenen Lagunen, einer schroffen Bergwelt und dem ganzjährig warmen Klima die Urlaubsträume unterkühlter Nord- und Mitteleuropäer. Alle drei Inseln wurden aus Feuer geboren und von den Wellen geschliffen – über die Jahrhunderte haben sich die rauen Eilande besänftigt und sind ihren eigenen Weg gegangen. Benannt wurde die Inselgruppe der Maskarenen nach dem portugiesischen Seefahrer Pedro de Mascarenhas, der 1505 die Insel Bourbon (das heutige Réunion) entdeckte. 1511 wurde Mauritius entdeckt; der portugiesische Kapitän Diego Rodriguez gab Rodrigues 1528 seinen Namen. Alle drei Inseln gelten als Gipfelmassive einer unter der Meeresoberfläche liegenden Vulkankette. Die Tätigkeit der Feuer speienden Berge erlosch vor rund 1 Mio. Jahren – allein auf Réunion ist noch ein Vulkan aktiv, auf Mauritius ragen die Schlote ehemaliger Krater bizarr in den Himmel. Durch Erosion flachte die Landfläche kontinuierlich ab; um sie herum bildeten sich Korallenriffe, die heute Rod-

Der Morne Brabant liegt an der Südwestküste von Mauritius

rigues vollkommen, Mauritius fast vollständig und Réunion im Westen schützend umgeben. Am Horizont schimmert das Riff wie eine Perlenkette, wenn sich dort vor dem Hintergrund des endlosen Ozeans die Wellen brechen; es beheimatet eine faszinierende Unterwasserwelt.

In kultureller Hinsicht lassen sich viele Ähnlichkeiten finden, da alle Inseln der Maskarenen durch jahrhundertelange französische, aber auch britische Einflüsse und durch das Völkergemisch aus Afrika, Asien und Europa geprägt wurden. Dennoch hat sich jede Insel ihre Besonderheiten bewahrt.

MAURITIUS – LEUCHTENDE SARIS, TIEFBLAUE LAGUNEN

Die Insel Mauritius bietet viel mehr als weiße Sandstrände und luxuriöse Hotelanlagen unter Palmen. Den Besucher erwarten freundliche Menschen aller Hautfarben, bunte Tempelanlagen, belebte Geschäftszentren mit tollen Einkaufsmöglichkeiten, eine kontrastreiche Landschaft, ruhige Fischerorte, interessante Gärten und Parks sowie weitläufige Zuckerrohrfelder, aus denen nur gelegentlich der Schornstein einer alten Zuckerraffinerie herausragt. Flache Ebenen im **Norden und Osten** und markante Bergketten im **Süden und Westen** dominieren die Landschaft. Der steile, auf einer geschützten Halbinsel gelegene Morne Brabant bestimmt die Silhouette im Südwesten, er zählt zum UNESCO-Weltkulturerbe. Auf seinen flachen Gipfel flüchteten sich früher entlaufene Sklaven, denn schon immer war der Süden der unzugänglichste Teil der Insel. Reste der natürlichen Inselvegetation finden sich an der Rivière Noire, die das Plateau durchschneidet.

Im Norden lassen sich kleinere Sandbuchten erkunden, immer mit Blick auf die vorgelagerten Inseln Coin de Mire, Île Plate, Île Ronde und Île aux Serpents am Horizont. An den Küsten im Westen und Osten reiht sich ein langer Sandstrand an den nächsten. Das Riff schützt die meisten Strände von Mauritius, es weist allerdings im Westen und Süden Lücken auf – dort brechen sich die Wellen ungeschützt an der Lavaküste und schaffen eine raue, wilde Küstenlandschaft. Exklusive und schöne Hotels mit neuester Ausstattung befinden sich an allen Küstenabschnitten. Von Bettenburgen kann allerdings keine Rede sein, denn Gebäude außerhalb der modernen Hauptstadt Port Louis dürfen eine Palme nicht überragen.

Auf Mauritius gibt es überall viel zu entdecken, sei es entlang der belebten Straßen oder in den verstreuten Ortschaften und Städten an der Küste und im Inselinneren. Hier beeindrucken prächtige Tempel und Kirchen, quirlige Metropolen voller Geschäfte, bunte, duftende Märkte, spannende Museen und Relikte der kreolischen Prunkarchitektur.

RODRIGUES – EINSAM IM OZEAN

Abgeschieden und ruhig liegt die zur Republik Mauritius gehörende Insel Rodrigues mit ihrer kleinen Inselhauptstadt Port Mathurin 560 km nordöstlich der größeren Schwester im Ozean. Die kleinste und älteste der Vulkaninseln des Archipels wird bestimmt von kargen Hügeln, savannenartigen Landstrichen, fruchtbaren Weiden und sattgrünen Tälern. 55 km lang und 30 km breit, ragt sie aus einer großen, flachen Lagune empor, die in allen Blauschattierungen glitzert. Das die Lagune umgebende Korallenriff ist über 90 km lang, ihre Wasseroberfläche mit 104 km² fast ebenso groß wie die Landfläche der Insel (109 km²). In der Inselmitte erhebt sich ein Zentralplateau mit bis zu 398 m hohen Bergen, zur Küste hin fällt das Land sanft auf bewaldeten Hängen ab. Tiefe Flusstäler haben sich in das Relief gegraben und es eröffnen sich immer wieder spektakuläre Panoramablicke aufs Meer. Die Menschen Rodrigues' sind meist afrikanischen Ursprungs; sie leben vom Fischfang, der Landwirtschaft und dem Tourismus. Ein paar Ortschaften liegen verstreut entlang der Küste und in den Hügeln, einsame Strände können auf Wanderwegen über Felder oder per Mountainbike erreicht werden. Zum Baden ist das Wasser in der riesigen Lagune meistens zu flach, an der Pointe Coton im Osten lässt es sich am besten schwimmen. Um die Hauptinsel verstreut liegen in der Lagune 17 Inselchen aus Sand und Korallen, auf denen Vogelkolonien nisten. Insbesondere Naturfreunde werden sich auf dem abgelegenen Eiland wohl fühlen.

RÉUNION – WILDE NATUR UND VULKANAUSBRÜCHE

Réunion, das kleine Fleckchen Frankreich im Indischen Ozean, trägt nicht umsonst den Namen »Insel der tausend Gesichter«. Die kreolische Kultur ist hier allgegenwärtig, stark beeinflusst vom modernen Frankreich – der Lebensstandard liegt hier deutlich über demjenigen von Mauritius. So abwechslungsreich wie die multiethnische Bevölkerung, so vielfältig ist auch die einzigartige Landschaft. Das 3069 m hohe Massiv des Piton des Neiges überragt die Inselmitte und ist von tiefen Tälern und weiten Bergzügen umgeben. Wegen seiner landschaftlichen Schönheit wurden große Teile des Inselinneren im März 2007 zum neunten Nationalpark Frankreichs ernannt. Im Juli 2010 nahm die Unesco die zerklüftete Berglandschaft von Réunion in die Liste der Weltnaturerbe-Stätten auf. So zieht Réunion Jahr für Jahr nicht nur Badeurlauber, sondern auch Wanderer, Mountainbiker, Gleitschirmflieger, Windsurfer und andere Abenteurer oder Anhänger von Extremsportarten an. Besucher der Insel finden eine atemberaubende Vulkanlandschaft vor, deren Abhänge fast überall von tropischem Gewächs überwuchert sind.

Sie kann zu Fuß, mit dem Wagen oder – per Helikopter oder Kleinflugzeug – auch aus der Luft erkundet werden. Das zerklüftete Inselinnere, die vielen fast unzugänglichen Täler und die karge Mondlandschaft rund um den aktiven Vulkan Piton de la Fournaise faszinieren die Besucher. Der **Norden** der Insel mit der Hauptstadt St-Denis und ihren Nachbarstädten ist Geschäfts-, Bildungs- und Verwaltungszentrum der Insel. An der **Ostküste** gedeihen Früchte, Vanille und Gemüse in feuchttropischem Klima. Hinge-

Der Cirque de Cilaos mit dem Piton des Neiges

gen scheint an der **Westküste** fast immer die Sonne; hier finden sich neben Badestränden savannenartige Landstriche, die nur durch Bewässerung fruchtbar gemacht werden können. Der **Süden** ist ursprünglich und wenig bevölkert, bricht der Vulkan doch regelmäßig aus – so auch 2007, als die Lava über die Küstenstraße hinweg ins Meer floss und der kleinen Insel wieder einmal etwas Land hinzufügte. 2008, 2009, 2010, 2014, 2015 und 2016 gab es weitere Ausbrüche.

Von keinem Punkt Réunions ist es weit in die kühlen Berge, die unmittelbar von der Küste aus steil ansteigen. Hier im Inneren liegen die wahren Schätze der Insel verborgen: die drei Cirques, gewaltige Talkessel, die das Herz der Insel bilden und unendliche Wandermöglichkeiten bieten. Von den Graten der sie umschließenden steilen Bergwände eröffnen sich vor allem morgens, bevor Wolken und Nebel aufziehen, spektakuläre Blicke in die dünn besiedelte Inselmitte. Stichstraßen führen von der Küste hinein in diese Welt und hinauf zu den Aussichtspunkten, an denen meistens auch wunderschöne Wanderwege beginnen. Die Kraft und Gewalt der Natur ist auf Réunion an jeder Ecke zu spüren.

KLIMA & REISEZEIT

Die Höhe der Bergmassive, die tropische Lage der Inseln und der Südostpassat beeinflussen das Klima auf den drei Maskareneninseln.

Man unterscheidet grob zwischen zwei Jahreszeiten: einem schwül-heißen Sommer (Nov.–April), in dem die Temperaturen bei hoher Luftfeuchtigkeit bis auf 35 °C steigen können, und einem trocken-moderaten Winter (Mai bis Okt.). Als ideale Urlaubszeit gelten die Monate April bis Juli sowie September bis November, da es dann weder zu heiß noch zu feucht ist.

Die Sommermonate Dezember bis März prägen Tiefdruckgebiete, heftige Niederschläge und gelegentliche Wirbelstürme (Zyklone). Kleine Flüsse verwandeln sich in reißende Ströme, eine sonst ruhige Lagune ist übersät mit weißen Gischtkronen, und orkanartige Böen oder Überschwemmungen können ganze Landstriche verwüsten. Meist ist der Spuk nach ein bis drei Tagen wieder vorbei. Pro Saison kann es mehrere Wirbelstürme geben, in manchen Jahren bleiben sie ganz aus.

RÉUNION

Auf der bergigen Insel Réunion liegen die Durchschnittstemperaturen zwischen Mai und November bei 25 °C, es regnet wenig. Diese kühlere Jahreszeit eignet sich besonders gut für Wanderungen. An der Westküste *(Côte sous le vent)* ist es häufiger sonnig als im Osten *(Côte au vent* – Küste im Wind), im Süden und in den Höhenlagen. Im Sommer der südlichen Hemisphäre, (Dez.–April), ist es merklich heißer (30 °C), die Luftfeuchtigkeit steigt und es kann oft tagelang stark regnen. Das Inselinnere mit den Talkesseln und den Hochebenen verschwindet fast täglich für Stunden unter Wolken, und am Vulkan ist das Wetter sehr wechselhaft und kann ganz plötzlich umschlagen.

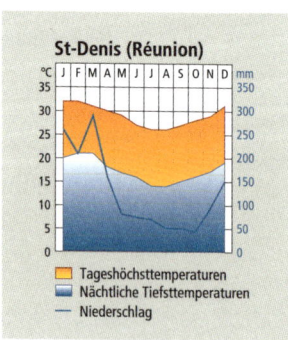

St-Denis (Réunion)

☐ Tageshöchsttemperaturen
☐ Nächtliche Tiefsttemperaturen
— Niederschlag

Auch wenn die Außentemperaturen je nach Jahreszeit leicht schwanken, variieren die Wassertemperaturen nur zwischen 24 °C im Juli und 27 °C im Januar. Die Lagune ist ein Paradies für Schwimmer und Schnorchler, jenseits des Korallenriffs kommen geübte Taucher und Segler sowie Hochseeangler auf ihre Kosten. Selbst bei Passatwind bleibt das Wasser in der Lagune recht ruhig, es kann dann aber zu stärkeren Strömungen kommen.

MAURITIUS

Mauritius gilt das ganze Jahr über als Badeparadies, wobei die Temperaturen im dortigen Winter, zwischen Juni und Oktober, deutlich unter denen im Rest des Jahres liegen und ein kühler Wind wehen kann. Im Dezember herrschen Temperaturen von über 30 °C. Während von Januar bis März die Quecksilbersäule bis auf 36 °C klettern kann, fallen die Werte im mauritischen Winter (Juni–Aug.) bis auf 20 °C. Die Wassertemperaturen schwanken von 24 °C im Juli bis 27 °C im Januar. Mauritius ist fast das ganze Jahr über einem Südostwind ausgesetzt, der Surfern und Seglern an den südlichen und östlichen Küsten paradiesische Bedingungen be-

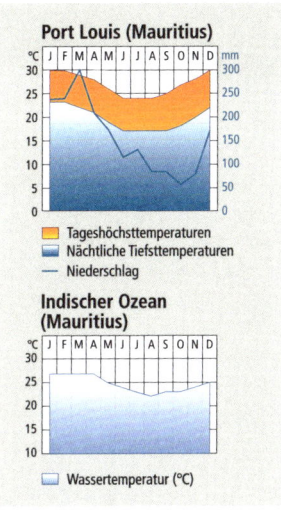

schert und die Wolken in die Berge bläst, wo sie meist abregnen. Zum Schnorcheln eignet sich eher die im Windschatten gelegene West- und Nordküste.

RODRIGUES

Mangels hoher Berge, an denen sich Wolken stauen könnten, ist Rodrigues die niederschlagsärmste Insel der drei Schwestern. Dies führt zu häufigen Engpässen bei der Süßwasserversorgung. Viele Flusstäler der Insel bleiben fast das ganze Jahr über trocken und einige Quellen versiegen. In manchen Jahren sorgen Zyklone mit heftigen Niederschlägen für eine Aufstockung der Reservoirs, jedoch richten sie durch ihre starken Winde großen Schaden an der Ernte an. Während des ganzen Jahres weht vor allem an der Südküste ein frischer Wind, Windsurfer wissen ihn zu schätzen.

ANREISE

Die Linienfluggesellschaft Air Mauritius (www.airmauritius.com) fliegt mehrmals wöchentlich ab Frankfurt/M., München und Zürich bzw. Genf.

Die Maschinen fliegen 11 Stunden in der Regel über Paris nach **Mauritius** und weiter nach **Rodrigues** und **Réunion**. Condor (Thomas Cook, www. condor.com) bietet mehrmals pro Woche Direktflüge von Frankfurt/M. an. Umsteigeverbindungen bieten u. a. Emirates (Dubai, www.emirates.com),

Turkish Airlines (Istanbul, www.turkishairlines.com) und South African Airways (Johannesburg, www.flysaa.com). Der internationale Flughafen von Mauritius, Sir Seewoosagur Ramgoolam (aml.mru.aero), liegt in Plaisance im Südosten der Insel, ca. 45 km von Port Louis entfernt. Wer auf eigene Faust unterwegs ist, muss seinen Rückflug spätestens 72 Stunden vor Abflug entweder am Flughafen (Tel. 603-30 30, 207-75 75) oder im betreffenden Airline-Büro bestätigen lassen.

Air France (www.airfrance.de) und Air Austral (www.air-austral.com) fliegen von Frankreich aus direkt nach **Réunion** (Anschlussflüge von den meisten deutschen Flughäfen). Air Austral verkehrt außerdem zu weiteren Destinationen im Indischen Ozean, darunter auch Mauritius und Rodrigues (Rundflüge sind möglich). Die Charterfluggesellschaft Corsair International (TUIfly, www.corsair.fr)) unterhält wöchentlich mehrere Flüge nach Réunion. Vom Flughafen Roland Garros (www.reunion.aeroport.fr), ca. 10 km östlich von St-Denis, verkehren Pendelbusse (»navette aéroport«, Tel. vor Ort 08 00/655-655) und Taxis in die Hauptstadt.

REISEN IN DER REGION

Air Mauritius verbindet Mauritius mit Rodrigues (1,5 Std.) und Réunion (40 Min.). Air Austral fliegt zwischen Réunion und Mauritius sowie zu vielen Destinationen im Indischen Ozean.

Die *MS Mauritius Pride,* ein mauritischer Frachter mit Personenbeförderung, ist dreimal monatlich nach Rodrigues (ca. 36 Std.) und ca. sechsmal monatlich nach Réunion (ca. 12 Std.) unterwegs. Auch die *MS Mauritius Trochetia* verkehrt regelmäßig auf diesen beiden Strecken. Auskünfte erteilt die **MSCL Coraline Ltd.** (Nova Building, 1 Military Road, Port Louis, Tel. 217-2284 oder 217-2285, www.mauritiusshipping. net/coraline-services).

UNTERWEGS AUF MAURITIUS UND RODRIGUES

Hubschrauber der Air Mauritius stehen für Hoteltransfers und Rundflüge zur Verfügung (Tel. 603-3754, Fax 637-4104). **Mietwagen** gibt es

---

💬 **VERKEHRSREGELN**

Auf **Mauritius** herrscht Linksverkehr. In Ortschaften beträgt die Höchstgeschwindigkeit 40 km/h, auf Landstraßen 50 km/h und auf der Autobahn 80 km/h. Meist wird jedoch viel schneller gefahren!

Auf **Réunion** gilt Folgendes: max. 50 km/h in Ortschaften, auf Landstraßen 90 km/h und auf Schnellstraßen 110 km/h oder 130 km/h.

Busse auf Mauritius sind zuverlässig und preiswert

ab ca. 30 €/Tag, z. B. bei **Hire A Car Mauritius** (Quatre Bornes, Tel. 759-5808, www.hireacarmauritius.com) oder bei **ADA** (Tel. 675-2626, www.ada-maurice.com) sowie bei allen gängigen internationalen Autovermietern, z. B. **Sixt** Mauritius. Der Fahrer muss 23 Jahre alt sowie im Besitz eines noch ein Jahr gültigen Internationalen Führerscheins sein; auch der Reisepass wird verlangt. Kreditkarten ersparen die Hinterlegung einer Kaution. Der Abschluss einer Insassen- und Vollkaskoversicherung ist ratsam. Tankstellen gibt es in jedem größeren Ort (auf Rodrigues nur in Port Mathurin), abends sind viele geschlossen.

In Touristenorten, vor allem auf Rodrigues, werden oft **Zweiräder** mit und ohne Motor zum Verleih angeboten. Vor der Abfahrt unbedingt deren technischen Zustand überprüfen!

Taxis bieten eine gute und oft bequemere sowie preiswertere Alternative zum Mietauto. Zu günstigen Pauschalpreisen (im Hotel zu erfragen) kann man sie für einen halben oder ganzen Tag mieten und bei Besichtigungen den Fahrer warten lassen. Die Chauffeure entpuppen sich nicht selten als kundige Reiseführer (auf ausreichende Sprachkenntnisse achten). Alle Taxis haben amtlich kontrollierte Taxameter und eine Liste mit Pauschalpreisen für die Hauptrouten. Es empfiehlt sich dennoch, den Preis immer vor Antritt der Fahrt abzusprechen. Der Nachttarif (20–5 Uhr) ist 40 % teurer. Am Flughafen oder vor Hotels stationierte Taxis verlangen etwa 10 % mehr als die übrigen und berechnen Extragebühren für Gepäck und Flughafenzufahrt.

Busse sind ein verlässliches und preiswertes Verkehrsmittel und obendrein ganz bequem. Von Port Louis starten die Busse von zwei Bahnhöfen aus entweder nach Süden oder nach Norden, nahezu jeder Ort ist per Bus erreichbar. Mit Ausnahme der Expressbusse dauern die Fahrten allerdings lange. In den Stadtgebieten verkehren die Busse von 5.30 bis 20 Uhr, zwischen Port Louis und Curepipe bis 23 Uhr, auf dem Land wartet man nach 18.30 Uhr vergeblich auf einen Bus. Die Busse auf Rodrigues sind etwas klappriger als die auf der Hauptinsel, sie verbinden Port Mathurin mit allen Hauptorten der Insel. Der letzte Bus fährt hier gegen 17.30 Uhr.

ORGANISIERTE TOUREN

Bootstouren zu den vorgelagerten Inselchen von Mauritius und Besichtigungsfahrten organisieren die Agenturen **Croisières Turquoise** in Mahébourg ▮ E7 (Tel. 631-1640, www.croisieres-turquoise.com), **MauriTours** in Rose Hill ▮ C5 (Tel. 467-9700, www.mauritours.net) und **MTTB/Mautourco** in Forest Side, Curepipe ▮ D6 (Tel. 670-4301, www.mautourco.com).

UNTERWEGS AUF RÉUNION

Ein dichtes **Busliniennetz** (*cars jaunes*; www.carjaune.re) überzieht die ganze Insel, sodass beinahe jeder Ort per Bus erreichbar ist. Innerhalb der größeren Städte gibt es noch regionale Busnetze. Informationen erhält man an den Busbahnhöfen (*gare routière*) der größeren Ortschaften und in den Tourismusbüros. Die Verbindungen sind allerdings oft langsam und nicht jeder touristisch interessante Punkt wird direkt angefahren. Die meisten Besucher sind mit dem **Mietwagen** unterwegs. Neben den internationalen Verleihfirmen, die in großen Hotels, in den Städten und am Flughafen vertreten sind, bieten einheimische Agenturen günstige Leihautos (ab ca. 40 €/ Tag). Man kann auch Geländewagen und Motorräder mieten. Die Straßen auf Réunion befinden sich in gutem Zustand, doch hohes Verkehrsaufkommen und Staus sind zu Stoßzeiten die Regel. Einige Straßen können nach Regenfällen oft tagelang gesperrt sein. **Taxis** haben Taxameter, stehen in jedem größeren Ort zur Verfügung und können auch zu entlegenen Stationen geordert werden. Der Preis setzt sich aus Grundgebühr und gefahrenen Kilometern zusammen. Nacht- und Wochenendtarife sind etwas teurer.

RÉUNION AUS DER LUFT

Flüge per Hubschrauber oder Ultraleichtflugzeug auf Réunion bieten fantastische Ausblicke. 15 Min. kosten um 100 €, 55 Min. etwa 300 €, Buchung bei **Helilagon** in St-Paul ▮ a2 (Altiport de l'Éperon, Tel. 02 62 55 55 55, www.helilagon.com, **Corail Hélicoptères** in Pierrefonds ▮ c5 (Aéroport de St-Pierre, Tel. 02 62 22 22 66, www.corail-helicopteres.com oder **Félix ULM** in Le Port ▮ a2 (ULM-Basis Cambaie, Tel. 06 92 87 32 32, www.felixulm. com). › mehr S. 13 Punkt ⑪

DER BARDE VON RÉUNION

Wenn man durch die Straßen von Les Hauts de Saint-Paul auf Réunion schlendert, kann es passieren, dass ein freundlicher Herr mit wilder blonder Mähne, weißem Shirt und Schlappen den Weg kreuzt, ein seltsames, Kayamb genanntes Instrument auf dem Rücken. Möglich, dass der Herr den Besucher in sein Haus zu einem Rhum arrangé einlädt und zu erzählen beginnt.

Die Kayamb ist eine flache, rechteckige Gefäßrassel, die aus zwei Lagen Schilfrohrmatten mit dazwischen eingeschlossenen Körnern besteht. Mit ihr wird Maloya gespielt, eine Musik, die 2009 in die Liste des immateriellen Kulturerbes der UNESCO aufgenommen wurde. Der Herr heißt Danyèl Waro, wurde 1955 auf Réunion geboren und ist der ungekrönte König dieses durch komplizierte Perkussion-Rhythmen geprägten Musikstils. Wichtige Instrumente neben der Kayamb sind die Bassgitarre sowie die große zylindrische Trommel Roulèr und der einsaitige Musikbogen Bobre.

Wegen seiner Entstehungsgeschichte wird der Maloya oft mit dem Blues der nordamerikanischen Baumwollpflücker verglichen. In den 1970er-Jahren erweckt Firmin Viry den 400 Jahre alten, aber von den französischen Behörden wegen »nächtlicher Ruhestörung« verbotenen Maloya zu neuem Leben. Danyèl ist fasziniert. Fünf Jahre geht er bei Firmin in die musikalische Lehre. 1976 schickt man ihn nach

Danyèl Waro

Frankreich, zum Wehrdienst. Doch Danyèl verbringt die Zeit lieber als Verweigerer im Gefängnis. Hier schreibt er seine ersten Texte und politisiert den Maloya, thematisiert Arbeitslosigkeit, Drogen, Alkohol, Korruption und den Konflikt zwischen armen Kreolen und wohlhabenden Métros, den Franzosen des Mutterlands. »Ich verzaubere mich selbst«, sagt Danyèl. »Meine Musik ist für mich eine Befreiung. Liebe, Zorn, Exil und Rebellion.«

Auch nach 40 Jahren Maloya rumort Danyèls rebellischer Geist wie die Lava des Vulkans La Fournaise.

- **Z'imazes créoles** ▌ c5
  Das letzte unabhängige Musikgeschäft auf Réunion führt alle CDs von Waro. 137, rue Marius et Ary Leblond | St-Pierre Tel. 02 62 25 51 37 Mo–Sa 8.45–12, 14–18 Uhr

SPORT & AKTIVITÄTEN

AUF ALLEN INSELN

Der Korallenring rund um Mauritius bietet natürlichen Schutz und sorgt fast rund um die Insel für relativ sichere Bade- und Schnorchelreviere. In vielen Hotels ist hier die Nutzung von Surf-, Schnorchel-, Segel- oder Wasserskiausrüstung im Preis inbegriffen.

Auf Réunion liegen alle Badestrände an der Westküste zwischen St-Paul und Grand Anse, wo sich auch größere Lagunen und künstliche Badebecken befinden; an der Lagune gibt es Verleihstellen für Wassersportgeräte. Es sollte nur an patrouillierten Strandabschnitten gebadet und auch ausschließlich an ausgeschriebenen Stellen Wassersport betrieben werden, da ist man vor Haien und gefährlichen Strömungen sicher. › mehr S. 18 Punkt **41**

Auf Rodrigues ist das Meer fast überall zu seicht zum Baden und zudem für Wassersport nur begrenzt nutzbar; es gibt nur wenige Verleihstellen, meist in den Hotels. Die **Sportarten** Tauchen, Schwimmen, Segeln und Windsurfen lassen sich auf allen drei Inseln gut praktizieren. Réunion ist ein Dorado für Freunde von **Bergsport**- und **Extremsportarten**. Auch auf Rodrigues gibt es gute Wandermöglichkeiten, während auf Mauritius das Angebot an Wanderwegen begrenzt ist.

Wellness-Freunde werden hingegen auf Mauritius voll auf ihre Kosten kommen, die beiden anderen Inseln haben nur ein sehr begrenztes Angebot. In den Thermen von Cilaos auf Réunion kann man kuren, ein solches Arrangement sollte jedoch im Voraus organisiert werden. Golfer zieht es ebenfalls nach Mauritius, da es hier ein breites Angebot an professionell geführten 18-Loch-**Golfplätzen** gibt. Réunion besitzt drei private Golfklubs, die auch Gästen offenstehen (Infos beim Touristenbüro).

TAUCHEN

Rund um die Inseln liegen äußerst unterschiedliche Reviere. Leider hat die Korallenbleiche von 1998 die Korallen in den Lagunen geschädigt, aber Weichkorallen wachsen allmählich nach. Verboten sind das Sammeln von Muscheln oder Korallen und das Speerfischen.

An der klimatisch raueren und windigeren Ostküste von **Mauritius** konzentrieren sich Teppiche von Weichkorallen. In den Riffpassagen trifft man von November bis April auf Weißspitzen-Hundshaie und Riffhaie, in 25 m Tiefe begegnet man Langusten. In den Gewässern an der Südküste sind die Korallenstöcke bizarrer geformt und schwerer zugänglich. Whale Rock im Nordwesten zählt zu den interessantesten Tauchrevieren mit Stein- und Peitschenkorallen, Schwarzen Korallen und Geistermuränen. Das Riff um die Insel Coin de Mire nördlich von Mauritius eignet sich auf seiner Südseite zu Drifttauchgängen; Höhlen und Kanäle fordern geübte Taucher heraus. In der Regel sind die Tauchschulen auf Mauritius großen Hotels angegliedert, sie unterrichten nach international anerkannten Richtlinien (CMAS und PADI). Bei Tauchunfällen befindet sich eine Dekompressionskammer in Vacoas (**Decompression Chamber,** Special Mobile Force, Vacoas, Tel. 686-1011).

Auf **Rodrigues** warten viele Tauchplätze noch auf ihre Entdeckung, oft ist man allein vor Ort.

Auf **Réunion** gibt es interessante Tauchplätze an der Westküste. Um sie zu finden, sollte man sich einer professionellen Tauchschule anschließen (Informationen im Magazin RUN Guide, www.run974.com, bei den Touristeninfobüros und im Maison de la Montagne).

SEGELN

Sanfte Lagunen und der bewegte Indische Ozean laden Anfänger und Könner zum Segeln ein. Kleine Boote zum Lagunensegeln stellen die großen Hotels zur Verfügung, größere Jachten für Törns – mit oder ohne Crew – vermitteln professionelle Vermieter.

Yacht Charters ▮ D3

Historisches Segelboot Isla Mauritia.
• Royal Road | Grand Baie | Mauritius
  Tel. 263-8395 | www.isla-mauritia.com

Croisières Turquoises ▮ E7

Drei Katamarane segeln entlang der Nord-, Ost- und Südküste; Tagestouren.
• Pointe Jérôme | Mahébourg
  Mauritius | Tel. 631-1640
  www.croisieres-turquoise.com

Der Golfplatz des Heritage Villas Valriche in Bel Ombre an der Südküste von Mauritius

Wassersport ist auf Mauritius und Réunion angesagt

Océane Cruises Mauritius 📘 F5
Bietet verschiedene Segeltörns und
Wassersportaktivitäten vor allem im Osten
der Insel an.
• Trou d'Eau Douce | Mauritius
  Tel. 480-2767 | www.oceane.mu

WINDSURFEN, KITESURFEN UND WELLENREITEN

Im Schatten des Morne Brabant und
an der Ostküste bei Belle Mare und
Pointe d'Esny liegen die besten
Wind- und Kitesurfreviere von
Mauritius – hier weht ein frischerer
Wind als an den meisten anderen
Küstenabschnitten. An der Mündung des Tamarin River üben sich
die Wellenreiter. An der Anse Mourouk auf **Rodrigues** befindet sich
eine Wind- und Kitesurfschule mit
Ausrüstungsverleih (www.kitesurf-
rodrigues.com), vor dieser Küste
findet man auch die besten Bedingungen vor. Auf Réunion kann man
sich in der Lagune von La Saline
und Hermitage bei guten Windver-
hältnissen vom Wind treiben lassen; alle anderen Stellen sind Profis
vorbehalten und nicht vor Haien
sicher. Wellenreiter reiten auf den
Kämmen der Wellen von St-Leu,
Roches Noires in St-Gilles und Boucan Canot, es gibt hier auch eine
professionelle Surfschule.

Da es auf **Réunion** in den letzten
Jahren zu mehreren Haiattacken
kam, wurden viele Surfschulen ge-
schlossen. Die Website www.surfing
reunion.com (nur in französischer
Sprache) informiert über aktuelle
Lage, über vorhandene Schulen und
Gefahren *(risque requin)*.

Seit 2013 sind sowohl Surfen und Schwimmen an den meisten Stränden von Réunion (außer an den von einem Korallenriff geschützten Stellen) offiziell verboten.

Centre Sport Nautique 🔶 D3
Verleih von Surfbrettern, Wind- und Kitesurfausrüstung und Katamaranen
• Grand Baie | Mauritius
  Tel. 263-8017

Surf Club 🔶 a3
• St-Gilles | Réunion
  Tel./Fax 02 62 24 63 28
  www.ecole-surf-reunion.com

REITEN
Mehrere Zentren bieten Unterricht für Erwachsene und Kinder an und führen Reiter durchs Gelände. Informationen erteilen Veranstalter auf Réunion beim Maison de la Montagne sowie das Heft RUN Guide, das bei den Touristeninformationen erhältlich ist.

Centre Equestre 🔶 C8
Hochgelobter Veranstalter von Ritten am Strand und Baden mit Pferden für alle Altersstufen.
• Riambel | Mauritius | Tel. 5729-4572
  www.centreequestrederiambel.com

MAURITIUS UND RODRIGUES
UNTERWASSERSPAZIERGÄNGE UND -BOOTSTOUREN
Selbst Nichtschwimmer und Kinder können bei einem Unterwasserspaziergang aus nächster Nähe leuchtend bunte Fische und andere Meeresbewohner beobachten. Jedem Teilnehmer wird auf den vor Pointe aux Canonniers, Flic en Flac und Belle Mare verankerten Plattformen ein Taucherhelm übergestülpt, den ein Schlauch mit einer Druckluftflasche verbindet. Dann steigt er hinab auf den Meeresboden und geht dort spazieren.

U-Boote oder das Unterwasser-Panoramaboot »Le Nessee« sind eine Attraktion für alle, die von bequemen Sitzen aus die Meereswelt erleben möchten.

PRICKELNDE AKTIVITÄTEN

• **Ultraleichtflugzeug**
  Ein Flug im offenen Cockpit über die höchsten Gipfel von Réunion, ist ein unvergessliches Erlebnis. > S. 30

• **Kitesurfen**
  Selbst geübte Kitesurfer schwärmen von den Winden an den Küsten der drei Maskareneninseln. > S. 34

• **Unterwasserspaziergang**
  Mit übergestülpter Taucherglocke auf dem Meeresboden spazieren, in der Lagune von Mauritius schauen viele Fische dabei zu. > links

• **Canyoning**
  Abseilvergnügen inmitten eines rauschenden Wasserfalls, die steilen Felswände auf Réunion machen es möglich > S. 36.

• **Gleitschirmfliegen**
  Wie ein Vogel im Wind mit Blick auf das Relief der Inseln, ganz gefahrlos per Tandemflug. > S. 38

Blue Safari Submarine 🚢 D3

U-Boote mit 35 m Tauchtiefe und ein selbst steuerbarer Sub-Scooter.

• Trou aux Biches | Mauritius
  Tel. 265-7272
  www.blue-safari.com

Solar Sea Walk 🚢 D3

Unterwasserspaziergänge an verschiedenen Stellen in der Lagune.

• Grand Baie | Mauritius
  Coastal Road | Tel. 263-7819-20
  www.solarseawalk.com

GOLF

Vom 9-Loch-Trainingsplatz bis zum 18-Loch-Champion-Course hält Mauritius ein großes und stetig wachsendes Angebot für Golfer bereit. Die Mauritius Tourism Promotion Authority › S. 71 in Port Louis veröffentlicht die Broschüre »Mauritius für Golfer«. Eine Auswahl der schönsten, an Hotels angebundenen Golfplätze:

Anahita Golf Course 🚢 F5

18 Loch, PAR 72

• Four Seasons Resort | Anahita
  Tel. 402-3125
  www.anahita.mu/en/golf

Shangri-La's Le Touessrok 🚢 F5

18 Loch, PAR 72

• Île aux Cerfs | Trou d'Eau Douce
  Tel. 402-7400 | www.shangri-la.com/
  mauritius/shangrila/

**Paradis Beachcomber Hotel &
Golf Club** 🚢 B7/8

18 Loch, PAR 72

• Le Morne | Tel. 401-5050
  www.beachcomber-hotels.com

Maritim Hotel 🚢 C3

9 Loch, PAR 29

• Balaclava | Turtle Bay
  Tel. 204-1000 | www.maritim.de

Tamarina Golf Estate 🚢 B6

18 Loch, PAR 72

• Baie du Tamarin
  Tel. 401-3006 | www.tamarina.mu

**Belle Mare Plage
Golf Hotel & Resort** 🚢 F4

18-Loch-Championship-Plätze, PAR 71 und 72. Top-Wellnessangebote.

• Poste de Flacq | Tel. 402-2600
  www.constancehotels.com

WELLNESS

Der neue Urlaubstrend sorgt dafür, dass sich die Luxushotels mit ihren Spas geradezu übertreffen. Zum Behandlungsangebot gehören Massagen, Gesichts- und Körperbehandlungen, Shiatsu, Fußreflexzonenmassage, Fußpflege, Maniküre und Haarentfernung. Oft ist ein Schönheitsstudio mit Friseursalon und ein Fitnessstudio angeschlossen. Sauna- und Dampfbadbereiche zählen zum kostenlosen Service. Viele Wellnesszentren verfolgen einen ganzheitlichen Ansatz und bieten Kuren mit Anwendungen an, die sowohl einen persönlichen Ernährungsplan wie auch Fitnesstraining unter professioneller Anleitung umfassen.

RÉUNION
CANYONING, KLETTERN, WILDWASSERFAHREN UND KANUWANDERN

Das schroffe Inselinnere mit seinen tiefen Schluchten und zahlreichen

KORALLENSAND & BADEWASSER

Badevergnügen pur auf der Île aux Cerfs im Osten von Mauritius

Urlauber auf **Mauritius** schwärmen von den breiten Traumstränden und kleinen Buchten mit ihrem pulvrigen Sand und türkisblauen Wasser. Mauritius ist fast vollständig von einer Korallenbarriere umgeben, die eine schützende Lagune formt. An den meisten Stränden werden zahlreiche Wassersportaktivitäten angeboten, so auch auf der **Île aux Cerfs** › S. 84 bei Trou d'Eau Douce (Ostküste von Mauritius), die ein beliebtes Ziel für Tagesausflüge ist. An der Südküste ist das Baden bis auf wenige Stellen (wie z. B. in Riambel bei Souillac) wegen Strömungen und Haien zu gefährlich, da hier kein Riff die Küste schützt.

Die Strände auf **Rodrigues** sehen genauso toll aus, sind jedoch wegen der flachen Lagune, welche die Insel umfasst, auch bei Flut zum Baden meist ungeeignet. Auf **Réunion** reihen sich schöne Strände an der Westküste entlang, doch nicht überall kann gebadet werden. Am sichersten ist es in der Lagune südlich von St-Gilles, die bis nach La Saline reicht und die geringsten Strömungen aufweist.

Alle Strände auf Mauritius, Rodrigues und Réunion sind öffentlich und werden besonders am Wochenende von den Einheimischen zum Picknicken aufgesucht.

Wahrhaft spektakuläre Sonnenuntergänge erlebt man an den Stränden von Mont Choisy, Pointe aux Canonniers und am Morne Brabant von Mauritius sowie an der Lagune von L'Hermitage oder den Stränden von St-Gilles auf Réunion.

Wasserläufen ist ein Canyoning-Paradies von Weltformat. Ein unvergessliches Erlebnis ist z. B. die geführte Schluchtenwanderung mit langen Schwimmstrecken, kurzen Kletterpassagen und Abseilstrecken an der Rivière des Roches an der Ostküste. Wildwassertouren finden während der Regenzeit auf der Rivière du Mat und der Rivière des Marsouins statt.

Fast alle Veranstalter sind bei der Informations- und Buchungszentrale (s. u.) buchbar, jeder bietet mehrere Aktivitäten an.

Austral Aventure 🔖 c3
• Hell-Bourg, Salazie | Tel. 02 62 32 40 29
  www.australaventure.fr

Ric à Ric 🔖 a4
• St-Leu | Tel. 06 92 86 54 85
  www.canyonreunion.com

WANDERN UND BERGSPORT
Die bizarren Berge und grünen Hochebenen bieten sich zum Wandern an. Die Wege sind gut markiert, es gibt genaue Karten und Übernachtungsmöglichkeiten in 28 Hütten und bei vielen privaten Anbietern. Feste Wanderschuhe, Trinkwasser, Sonnenschutz, Wind- und Regenschutz, Proviant plus eine Taschenlampe sind unerlässlich, Bergführer bieten ihre Dienste an. Touren unterschiedlicher Dauer bucht man über das Maison de la Montagne. Dort bekommt man auch Informationen über den Zustand der Route sowie die obligatorische Reservierung von Hütten und Mahlzeiten.

Maison de la Montagne bzw.
Comité Régional de Tourisme 🔖 a2
Buchungen und Infos auch über die Tourismusbüros der Städte und Regionen.
• St-Paul | Tel. 02 62 90 78 78
  Fax 02 62 21 00 21 | www.reunion.fr
  Mo–Fr 9–12 und 13–17, Sa 9–12 Uhr

Wettervorhersage
• Tel. 08 92 68 08 08
  www.meteofrance.re
  Information über tropische Tiefdrucksysteme: Tel. 08 97 65 01 01

Nur auf französisch erscheint der Wanderführer Topoguide GR R1 und R2 mit genauen Routenbeschreibungen, Kartenausschnitten im Maßstab 1 : 50 000, Informationen über Entfernungen und Transportmittel eingeschlossen. Sehr hilfreich ist auch die IGN-Karte Carte touristique de Réunion im Maßstab 1 : 100 000 (beide sind im deutschen Buchhandel erhältlich).

PARAGLIDING UND DRACHEN-FLIEGEN
Diverse Flugschulen bieten Kurse, Tandemflüge, Ausrüstungsverleih und Transfers zu Abflugpunkten an. Infos in allen Tourismusbüros oder bei den Veranstaltern:

Azurtech 🔖 a4
• Pointe des Chateaux | St-Leu
  Tel. 06 92 65 37 65 und 06 92 85 04 00
  www.azurtech.com

Parapente Réunion 🔖 a4
• 1 rue Georges Pompidou | St-Leu
  Tel. 02 62 24 87 84 und 06 92 82 92 92
  www.parapente-reunion.fr

UNTERKUNFT

MAURITIUS

Die Insel ist nicht umsonst bekannt für ihre Luxushotellerie mit ausgezeichnetem Service und Küche. Sie bietet jedoch noch viel mehr. Die Touristenhotels konzentrieren sich auf die Küstengebiete und schönsten Strandabschnitte im Norden, Osten und Westen der Insel. Seit einigen Jahren wurden auch Teile der Südküste und weitere Gebiete der Ostküste erschlossen, wo der Strand meist nicht so breit, schön und lang gestreckt ist wie an den traditionellen Touristenorten.

In Curepipe, Quatre Bornes und Port Louis gibt es Stadthotels. Kein Hotelgebäude darf die umstehenden Bäume überragen, meistens sind die Anlagen architektonisch geschickt in die Vegetation integriert. Einfachere Hotels und Gästehäuser sowie Ferienapartments oder -häuser liegen oft rund um die traditionellen Ortschaften, an weniger schönen Strandabschnitten. Sie sind meist sauber und gut geführt, Restaurants und Geschäfte befinden sich stets in der Nähe. Die Preise pro Nacht und Person beginnen in den einfacheren Herbergen bei etwa 30 €, wobei die tägliche Reinigung inbegriffen ist.

Bei der Auswahl einer Unterkunft kann es sinnvoll sein, die Verkehrsanbindung zu berücksichtigen – im Osten, Südwesten und Süden der Insel, wo sich vor allem Spitzenhotels befinden, sind ein Mietwagen oder ein Taxi meist unerlässlich.

RODRIGUES

Es gibt nur vier bessere Hotels auf Rodrigues. Während das Pointe Venus Hotel auf einer Anhöhe thront, liegen das Cotton Bay, La Belle Rod-

SCHÖNE HOTELS

- **Auf Mauritius**
  Spitzenservice und gleich zwei Golfplätze bietet das **Constance Le Prince Maurice** in Poste de Flacq, ein Luxushotel in wunderschöner, einsamer Lage. › S. 83
  Shangri-La's Le Touessrok mit Golfplatz an der Île aux Cerfs hat sich zum Lieblingsziel für Flitterwöchner entwickelt. › S. 84
  Das **Four Seasons Resort at Anahita** bei Beau Champ ist ein fantastisches Luxushotel mit Golfplatz. › S. 84
  Als wunderschönes Mittelklassehotel mit tollem Blick präsentiert sich das **Preskil Island Resort** bei Blue Bay. › S. 93
- **Auf Rodrigues**
  Das **Mourouk Ebony Hotel** in Anse Mourouk ist ein kleineres, typisch kreolisches Hotel mit guter Küche. › S. 108
- **Auf Réunion**
  Direkt an der Lagune gelegen, lockt das **LUX* Saint Gilles** in L'Hermitage mit großem Pool und exzellenter Küche. › S. 120

ANREGENDE SPAS

Besonders hervorzuheben sind die Wellnesszentren und Spas der folgenden Hotels auf Mauritius, von denen einige auf Anfrage auch Tagesbesuchern offen stehen:

- The Oberoi ▮ C/D3
  Wellnesszentrum in einem herrlichen Garten mit geheiztem Pool und besonders geschmackvoll eingerichteten Behandlungsräumen; Pointe aux Piments > S. 76
- Royal Palm ▮ D3
  Wunderschöne Open-Air-Anlage mit Clarins-Behandlungen, Pools, Yoga, Sauna, Dampfbad und vielem mehr; Grand Baie > S. 79
- Constance Le Prince Maurice F4
  Yoga, Tai Chi, Wellnessprogramme und Schönheit von Sisley; Poste de Flacq > S. 83
- The Residence ▮ F5
  Massagen und Schönheitsbehandlungen mit Produkten von Carita auf 600 m²; Belle Mare Plage > S. 84
- Shangri-La's Le Touessrok ▮ F5
  Givenchy-Spa-Tempel mit Gesundheits-, Entspannungs- und Beauty-Programmen; Trou d'Eau Douce > S. 84
- Belle Mare Plage Golf Hotel & Resort ▮ F4 Massagen, Peelings, Packungen und Gesichtspflege von Shiseido im stilvollen Ambiente; Belle Mare Plage > S. 36
- Four Seasons Resort at Anahita ▮ C8 Viele wohltuende Behandlungen; Beau Champ > S. 84

riguaise und Mourouk Ebony Hotel an zwei der schönsten Badestrände.

Die meisten anderen Unterkünfte in Form von Ferienapartments, Frühstückspensionen oder Gästehäusern sind familiär geführt, sie befinden sich nahe der Ortschaften Anse aux Anglais und Port Mathurin sowie in den Bergen. Mag der Standard auch einfacher sein, so ist der Empfang voller kreolischer Herzlichkeit und man erhält häufig Einblicke in die Lebensweise der Rodrigueais.

RÉUNION

Die Vulkaninsel Réunion offeriert viele Arten von Unterkünften. Neben wenigen Spitzenhotels von internationalem Standard überwiegen Mittelklassehäuser, Stadthotels und Apartmentanlagen. Viele liegen rund um die Städte und selbst diejenigen in den Badezentren befinden sich nicht alle direkt am Strand. Bis auf wenige Ausnahmen darf man hier weder Wellnesszentren noch ein riesiges Sportangebot oder einen Privatstrand erwarten, jedoch ist der Standard im Allgemeinen hoch. Vor allem die Anlagen in den Bergen liegen oft in landschaftlich reizvoller Umgebung mit herrlichen Ausblicken auf die grandiose Natur. Die Hotels bieten neben Zimmern und Suiten häufig auch Apartments und Bungalows an. Die Preise sind gemessen an Ausstattung und Leistung relativ hoch, da die Lohnkosten viel höher sind als im Nachbarstaat.

Rund um die Ortschaften im Inselinneren und den Höhenlagen liegen Hotels, Ferienwohnungen, Frühstückspensionen *(chambres d'hôtes)*, Ferienbauernhöfe *(fermes auberge)*, Jugendherbergen *(auberges de jeunesse)*, Campingplätze, Hütten *(gîtes ruraux)* und Wanderhütten *(gîtes de montagne* oder *gîtes d'étape)*. Meistens sind es Privatleute, die Übernachtung mit Frühstück, eine Zeltmöglichkeit und oft auch typisch kreolisches Abendessen in ihrem Haus oder in einem Nebengebäude anbieten, sodass man leicht Kontakt zu Einheimischen aufnehmen kann. Die Zimmer sind überwiegend einfach, aber sauber, gegessen wird am gemeinsamen Tisch.

In den drei Jugendherbergen (Hell-Bourg, Bernica, Entre-Deux) und den zahlreichen Hütten *(gîtes)* gibt es vor allem Mehrbettzimmer mit Etagenbetten; die sanitären Einrichtungen sind einfach und müssen häufig geteilt werden.

Viele Pensionen und Hütten können über die Touristeninformation in St-Denis › S. 116 oder über www.explorelareunion.com gebucht werden, die auch über Ausstattung und Verpflegung informieren. Vor allem bei Wanderungen sowie in der Hochsaison (Okt.–Jan.) sollte man alle Unterkünfte im Voraus reservieren und bezahlen.

Ein Unterkunftsverzeichnis ist beim **Fremdenverkehrsbüro Réunion** in Frankfurt/Main (www.insel-la-reunion.com) › S. 153 erhältlich. Der regelmäßig aktualisierte Führer RUN Guide listet viele kleine Privatpensionen und Hütten auf.

Rathaus und Denkmal für die Gefallenen in der Hauptstadt von Réunion, St-Denis

In Grand Baie auf Mauritius
ist immer etwas los

LAND & LEUTE

STECKBRIEF MAURITIUS & RODRIGUES

- **Staatsform:** Republik
- **Fläche:** 2045 km²
- **Bevölkerung:** 1,35 Mio. Einw.
- **Bevölkerungsdichte:** 651 Einw./km²
- **Bevölkerungszuwachs:** ca. 0,8 % pro Jahr
- **Amtssprachen:** Englisch und Französisch
- **Arbeitslosenrate:** 7,1 % (2018)
- **Währung:** Mauritius Rupee
- **Landesvorwahl:** 0 02 30

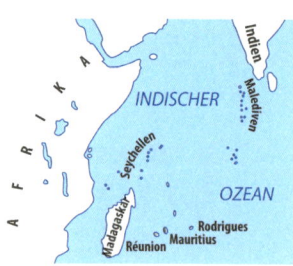

- **Zeitzone:** MEZ + 4 Std. (während der europäischen Sommerzeit + 3 Std.)

LAGE UND LANDSCHAFT

Zwischen dem 20. und 21. südlichen Breitengrad und ca. 900 km östlich von Madagaskar liegt die Inselgruppe der Republik Mauritius im Indischen Ozean. Zu ihr gehören neben der 1865 km² großen Hauptinsel die Inseln Rodrigues (108 km²) sowie mehrere Eilande. Entstanden sind sie vor über 8 Mio. Jahren durch gewaltige Vulkanausbrüche. Die im Laufe der Zeit zu bizarren Formen erodierten Vulkankegel erheben sich bis zu einer Höhe von 828 m (Piton de la Rivière Noire) oder ragen als Inselchen aus dem Wasser. Lavaflüsse bildeten Hochebenen und ließen die Insel nach Norden hin abflachen. Fast ganz Mauritius ist von einem schützenden Korallenriff umgeben; in der flachen Lagune herrschen ideale Bedingungen für Wassersport und Strandleben.

STAATSWESEN UND WIRTSCHAFT

Seit 1992 ist der Inselstaat Mauritius eine souveräne Republik mit stabiler Politik. Die Regierungsaufgaben liegen beim Premierminister und dem Kabinett, während der Staatspräsident repräsentative Funktionen hat. Im Dezember 2014 fanden Wahlen statt. Hierbei löste die Koalition Alliance Lepep unter der Führung des ehemaligen Präsidenten Sir Aneerood Jugnauth die bis dahin regierende Koalition ab. Dieser trat im Januar 2017 zugunsten seines Sohns Pravind Kumar Jugnauth zurück. Präsidentin war seit Juni 2015 Ameenah Gurib-Fakim. Sie trat im März 2018 wegen eines Kreditkartenskandals zurück. Als Nachfolger übernahm daraufhin Paramasivum Pillay »Barlen« Vyapoory das Amt kommissarisch.

Seit der Unabhängigkeit im Jahr 1968 hat Mauritius eine beachtliche wirtschaftliche Entwicklung erlebt, die den Bewohnern einen relativ hohen Lebensstandard ermöglicht. Die Insel profitiert vom internationalen Tourismus – jährlich kommen etwa 1,42 Mio. Gäste, darunter ca. 10 % Deutsche. Mauritius macht sich aber nicht allein von diesem Wirtschaftsfaktor abhängig. 2013 wurde der Flughafen erneuert.

Die Niederländer brachten 1650 die ersten Zuckerrohrsetzlinge nach Mauritius und schenkten der Insel damit eine leicht anzubauende, sturmresistente und nachwachsende Nutzpflanze, aus der ausgezeichneter Rum destilliert wird. Jahrzehntelang war Zucker wichtigstes Exportgut, heute werden auch Mais, Kartoffeln und Erdnüsse sowie verschiedene tropische Früchte zunehmend für den Export angebaut. Hinzu kommt die Produktion und Ausfuhr von hochwertigen Textilien und Elektrogeräten. Mit der Diversifizierung der Wirtschaft gelang es, die Arbeitslosenrate binnen 30 Jahren um zwei Drittel zu senken.

NATUR

Früher bedeckten ausgedehnte Wälder die Insel, bevölkert von Riesenschildkröten, Krokodilen und einer Vielzahl an Vögeln. Seefahrer räuberten in Wald und Flur, setzten Schweine und Ziegen aus und führten Javahirsche und Wildschweine ein, die noch heute beliebte Jagdbeute sind. Der fortschreitenden Besiedlung und dem Schiffsbau fielen jahrhundertealte Urwaldriesen zum Opfer. Überreste der ehemals großen Ebenholzwälder finden sich beispielsweise im Nationalpark Gorges de la Rivière Noire.

Heute säumen schnell wachsende australische Kasuarinen *(Filao)* die Strände; Banyanbäume (Würgefeigen) und Palmen wurden angepflanzt. Es gedeihen eingeführte Früchte wie Bananen, Brotfrucht, Mango, Papaya, Guave, Litschi und Ananas, die den ursprünglichen Inselbewuchs ersetzen. Den größten Teil der Insel nehmen Zuckerrohrfelder ein. Im Hochland um Bois Cheri gibt es einige Teeplantagen.

Auf Mauritius leben keine gefährlichen oder giftigen Tiere. Eingeführte Affen turnen durch die Waldgebiete um die Rivière Noire. Von der einst so vielfältigen Vogelwelt haben, im Gegensatz zum Dodo > S. 11, die unter Naturschutz stehende Rosa Taube und der Mauritius-Turmfalke *(Kestrel)* überlebt. Schnorchler und Taucher sind von der Unterwasserwelt begeistert; an manchen Stellen ist das Riff gut erhalten geblieben.

Bunte Unterwasserwelt

GESCHICHTE IM ÜBERBLICK

10. Jh. Arabische Seefahrer landen auf Mauritius.

1511 Der Portugiese Domingues Fernandez betritt als erster Europäer die Insel.

1598–1710 Die Niederländer nehmen die Insel in Besitz und taufen sie zu Ehren des Prinzen Moritz von Oranien auf den Namen Mauritius.

1691–1695 Französische Hugenotten versuchen vergeblich, die Insel Rodrigues zu besiedeln.

1715 Kapitän G. Dufresne nimmt den begehrten Stützpunkt Mauritius für Frankreich in Besitz. Er wird in Île de France umbenannt, erste Besiedlungsversuche starten 1721.

1735 Frankreich schickt Mahé de Labourdonnais als Gouverneur auf die Maskarenen. Der aktive und ideenreiche Mann begründet den Aufschwung in der Region.

1810 Im August gelingt es den Franzosen in der Schlacht am Vieux Grand Port, die angreifenden Briten zu besiegen. Im Dezember desselben Jahres unterliegen sie jedoch den Briten endgültig. Die Insel wird in Mauritius umbenannt.

1835 Befreiung der Sklaven; ihren Platz nehmen Lohnarbeiter aus Indien ein. Der Zuckerrohranbau boomt, und Port Louis entwickelt sich zu einer schmucken Kolonialstadt. Ende des 19. Jhs. dezimieren Cholera- und Malariaepidemien die Bevölkerung, Zyklone verwüsten die Insel, und ein Feuer zerstört den Großteil von Port Louis.

1958 Das uneingeschränkte allgemeine Wahlrecht wird eingeführt. Die Arbeiterpartei unter Sir Seewoosagur Ramgoolam erringt ihre ersten großen Erfolge.

1968 Großbritannien entlässt Mauritius in die Unabhängigkeit.

1976 Nach ersten Wahlen bleibt der 1969 zum Premierminister ernannte Sir S. Ramgoolam im Amt.

1992 Ausrufung der Republik.

1993 Port Louis wird Freihafen.

1995 Bei den Wahlen siegt die Mauritian Labour Party (MLP).

1999 Ausschreitungen zwischen der hinduistischen Bevölkerungsmehrheit und den Kreolen.

2002 Rodrigues erhält ein eigenes Regionalparlament.

2008 Der Berg Le Morne im Südwesten wird von der UNESCO zum Weltkulturerbe ernannt.

2012 Präsident Sir Aneerood Jugnauth tritt zurück, im Juli wählt die Nationalversammlung Rajkeswur Purryag zu seinem Nachfolger.

2014 Der ehemalige Präsident Sir Aneerood Jugnauth gewinnt die Premierminister-Wahlen.

2015 Im Juni wählt die Nationalversammlung Ameenah Gurib-Fakim zur Präsidentin.

2017 Der 86-jährige Premierminister Jugnauth übergibt sein Amt an seinen bis dahin als Finanzminister amtierenden Sohn Pravind.

2018 Nach dem Rücktritt von A. Gurib-Fakim übernimmt Vizepräsident Paramasivum Pillay »Barlen« Vyapoory das Amt kommissarisch.

DIE MENSCHEN

Als die Niederländer 1598 Mauritius in Besitz nahmen, fanden sie ein unbewohntes Paradies vor.

Auf den Sklavenmärkten von Ostafrika erstanden sie ab 1638 die für die Urbarmachung der Insel benötigten Arbeitskräfte, die unter menschenunwürdigen Bedingungen ihr Leben in der Fremde fristen mussten. Nach dem Verbot der Sklaverei und der Übernahme der Verwaltung durch die britische Krone wurden ersatzweise Tausende indischer Lohnarbeiter nach Mauritius gebracht. Aus Europa siedelten sich im Laufe der Jahre wohlhabende Familien an, aber auch Abenteurer und Entwurzelte, die eine neue Heimat suchten. So entstand allmählich ein buntes Kaleidoskop aller Hautfarben und Religionen.

Etwa 60 % der heute rund 1,35 Mio. Einwohner zählenden Bevölkerung ist indischer Abstammung (Hindus und Muslime). Die 20 000 Franco-Mauritier und 300 000 Kreolen, Nachkommen europäischer und afrikanischer Einwanderer, bekennen sich zum römisch-katholischen Glauben. Mauritier chinesischer Herkunft (ca. 6 %) sind meist Buddhisten. Im Vielvölkerstaat, wo Mischehen eher die Ausnahme bilden, ist die Toleranz jedoch so groß, dass die einen die Feste der anderen mitfeiern. Die Nachkommen der indischen Einwanderer pflegen traditionelle Zeremonien, die selbst im Herkunftsland in dieser Form oft nicht mehr praktiziert werden, z. B. die Geißelung mit Nadeln und Spießen zur Läuterung.

Mauritier sind meist dreisprachig. Die verbreitetste Sprache der Insel ist Kreolisch. Im Gegensatz zu den offiziellen Sprachen Englisch und Französisch ist sie bis heute noch nicht verschriftlicht und wird auch nicht unterrichtet. Das *Créole* der Bewohner von Rodrigues ist stärker französisch geprägt, da es auf der abgelegenen Insel weniger englische und indische Einflüsse gab. Viele Mauritier indischer Herkunft sprechen weiterhin Hindi, Urdu, Singhalesisch oder Tamil, einige Muslime beherrschen Arabisch oder Urdu.

Hinduistische Zeremonie in Beau Champ auf Mauritius

KUNST & KULTUR

MUSIK UND TANZ

Den Sklaven waren eine eigene Religion, Feste, Tänze und vor allem Musik untersagt. Allenfalls heimlich trafen sie sich auf den Feldern oder am Strand, um zu tanzen und ihre Trommeln zu schlagen. So entstand die **Séga**, die heute im gesamten kreolischen Kulturraum verbreitet und auch bei Touristen sehr beliebt ist. Der Tanz ist ein Wechselspiel zwischen Mann und Frau, die einander hüftschwingend umwerben und zu temperamentvollen Soli aus der Gruppe hervortreten. Die Frauen tragen einen weiten, bunten Stufenrock und eine kurze Bluse, die die Taille freilässt. Die Männer treten in knielangen, engen Hosen und einem langärmeligen Hemd auf. Nachdem indische Musik und Tanz auf Mauritius nahezu in Vergessenheit geraten waren, erleben beide derzeit eine Renaissance. Tanzschulen unterrichten die traditionellen Tänze, und das Radioprogramm wird von indischen Melodien bestimmt.

Zu Séga wird auf Mauritius und Réunion getanzt

ARCHITEKTUR

Viele prächtige Kolonialvillen sind inzwischen verfallen oder wurden von Zyklonen zerstört. Ihre Erhaltung ist aufwendig und kostspielig und wird oft privat finanziert. Am besten lässt sich die typische Bauweise in den Museen La Maison Créole Euréka › S. 75 und Chateau Labourdonnais nachvollziehen, in denen auch reichlich Mobiliar des 19. Jhs. zu sehen ist. Ein charakteristisches Stilelement ist die umlaufende Veranda, die die Holzhäuser ebenso vor Regen wie vor zu starker Sonneneinstrahlung schützt.

LITERATUR

Mauritius kann zwar nicht auf eine lange Tradition von weltbekannten Literaten zurückblicken, dennoch hat es eine lebendige Schreibkultur. Voller Stolz verweisen die Menschen auf Schriftsteller wie Malcolm de Chazal, Marie Thérèse Humbert, Carl de Souza und den jungen Alain Gordon Gentil, die in ihren Werken oft historische und soziale Themen aufgreifen. Allgegenwärtig sind Paul und Virginie, die Hauptfiguren des gleichnamigen Romans von Bernardin de St-Pierre, der auf Mauritius spielt. Nobelpreisträger Jean-Marie Le Clézio, Geneviève Dormann und Loys Masson wohnen nicht mehr auf Mauritius, aber viele ihrer Romane spielen hier. Bücher in kreolischer Sprache gibt es kaum, auch in indischen Sprachen wird nur gelegentlich etwas veröffentlicht.

Zur Einstimmung oder als Strandlektüre empfehlen sich Romane von Geneviève Dormann, z. B. »Die Gespielin« (Ullstein, 1995). Ihre Romane spielen auf Mauritius oder Rodrigues. Einen guten Einblick in die Eigentümlichkeiten von Mauritius liefert das Buch »Der Segatanz unter dem Flammenbaum« (2016, Picus Verlag) von Stefan Slupetzky sowie »Blue Bay Palace« und »Der letzte Bruder« von Nathacha Appanah (2011, 2012, Knaus). Das bewegende Schicksal der Einwohner von Chagos, die bis 1973 nach Mauritius zwangsumgesiedelt wurden, damit ihr Archipel fernab störender Zeugen zur US-Militärbasis Diego Garcia ausgebaut werden konnte, hat »Die Stille von Chagos« (Weidle Verlag 2017) von Shenaz Patel zum Thema.

MALEREI, KUNSTHANDWERK UND MODE

In der Kunst überwiegt die Darstellung von fein ausgemalten Pflanzen- und Blütenmotiven sowie die naiven, farbenfrohen Darstellungen von Häusern und Szenen aus dem Alltagsleben. Tonangebend war der mauritische Maler Malcolm de Chazal (1902–1981). Verschiedene Galerien bieten Kunstdrucke seiner Werke und auch die Arbeiten vieler junger mauritischer Künstler an, darunter Max Boullée, Marcel Lagesse, Jac Desmarais, Hervé Masson und Véronique Leclézio. Ein breites Angebot findet sich in der Galérie d'Art in Port Louis. An mehreren Orten der Insel hat die Kunstliebhaberin Hélène de Senneville Galerien eröffnet (Port Louis, Grand Baie, Curepipe, www.galeriehelenedesenneville.com).

Geduld und Durchhaltevermögen sind beim Modellschiffbau gefragt

Regelrechte Kunstwerke sind die sorgfältig gearbeiteten, maßstabgetreuen Modellschiffe *(maquettes),* die in verschiedenen Werkstätten nach historischen Vorbildern in Handarbeit entstehen. Die wertvollsten Exemplare werden in der größten Manufaktur in Goodlands gefertigt (www.historic-marine.com). In der internationalen Modewelt werden die Designer aus Mauritius immer gefragter. Ihre Entwürfe tragen zwar meist die Namen bekannter Marken, aber inzwischen gibt es auch einheimische Labels wie Harris Wilson, IV Play, Habit, Island Style, Pardon, Et Dieu créa la femme, Equateur und – für Leder – Hémisphère Sud.

FESTE & VERANSTALTUNGEN

Yaum un Nabi dient dem Gedenken an den Propheten Mohammed. Muslime begehen dieses Fest zwölf Tage lang mit Gottesdiensten; der Termin wird nach dem Mondkalender festgelegt. Gleiches gilt für Eid el Adha – an diesem islamischen Feiertag zu Ehren Abrahams, der Gott seinen Sohn opfern wollte, werden Lämmer und Schafe geschlachtet und verspeist.

Januar/Februar: Das **chinesische Neujahr** begehen die Sino-Mauritier in großem Spektakel mit einem Frühlingsfest. 15 Tage nach dem Neujahrstag werden beim Drachenfest **Ougadi** bei Umzügen Feuerwerke angezündet, um böse Geister zu vertreiben, Drachen und Löwen tanzen durch die Straßen. Etwa zur gleichen Zeit wird **Cavadee,** das Büßerfest der Tamilen, mit Prozessionen und rituellen Waschungen begangen. Um sich zu läutern, fasten die Gläubigen schon Tage zuvor. Einige Prozessionsteilnehmer durchbohren Zunge und Wangen mit Nadeln, laufen mit nagelgespickten Holzpantinen und treten mit bloßen Füßen den Gang über glühende Kohlen oder scharf geschliffene Schwerter an.

Februar: Zu **Maha Shivaratree,** dem Hindufest, bewegt sich Ende des Monats die mit über 300 000 Pilgern größte Prozession des Jahres in die Berge zum heiligen See Ganga Talao (Grand Bassin), dessen Wasser alle Sünden abwäscht.

März: Holi heißt das Wasserfest der Hindus. Aus Freude über den Tod der Hexe Holika werden Strohpuppen verbrannt, es wird getrommelt, getanzt und übermütig farbiges Wasser verspritzt.

September: Am 9. pilgern Christen zum Sarkophag des 1979 heilig gesprochenen Priesters **Père Laval** in der Kirche Ste-Croix im Nordosten von Port Louis. Der »Apostel von Mauritius« genannte Priester setzte sich für Sklaven, Kranke und Arme ein.

Oktober/November: Das hinduistische Lichterfest **Divali** gilt dem Sieg über die Finsternis, als Rama Ravana schlug und Krishna den Dämonen Narakasuran besiegte. Im ganzen Land leuchten Öllämpchen, Kerzen und bunte Glühbirnen. Kurz darauf ziehen Hindus zu **Ganga Asnan** mit Opfergaben an den Strand, um ein Bad im Meer zu nehmen. Da es auch das heilige Wasser des Flusses Ganges aufnimmt, glaubt man an eine reinigende Wirkung.

Mehrmals jährlich: Teemeedee nennen die Tamilen die Büßerfeste zu Ehren hinduistischer Gottheiten. Während dieser Zeremonien laufen Männer und Frauen barfuß über glühende Kohlen.

💬 DIE BLAUE MAURITIUS – EIN WELTBEKANNTER IRRTUM

Das Jahr 1840 erlebte die Geburtsstunde der Philatelie, als in Großbritannien die Briefmarke eingeführt wurde. Sieben Jahre später sollte auf Mauritius die größte Sensation der Philatelie geboren werden: die Blaue und die Orange Mauritius. Stuart Brownrigg, der Postdirektor der damals britischen Kolonie, erteilte dem Graveur Joseph Osmond Barnard aus Port Louis den Auftrag, Druckplatten für eine One-Penny- und eine Two-Pence-Marke anzufertigen. Irrtümlich stichelte Barnard statt der üblichen Worte »Post Paid« »Post Office« neben das Konterfei der Queen und ließ jeweils 500 Exemplare drucken. 300 der One-Penny-Marken kaufte Lady Gomm, die Frau des Gouverneurs Sir William Gomm, um mit ihnen die Einladungen zu einem Ball zu frankieren.

Drei dieser Briefe sind bis heute erhalten. Insgesamt existieren weltweit noch 15 orangefarbene One-Penny- und 13 blaue Two-Pence-Marken. Je eine ziert den Umschlag des bisher ungeöffneten »Bordeaux-Briefs«, der 1993 für 6,1 Mio. Schweizer Franken ersteigert wurde! Im gleichen Jahr erstand ein privates Konsortium die einzige ungestempelte Orange und eine der letzten drei ungestempelten Blauen Mauritius, um ihnen einen würdigen Platz in ihrer Heimat zu sichern. Diese liegen jetzt im neuen Blue Penny Museum in Port Louis (www.bluepennymuseum.com) – hier wie im Postal Museum sind auch Kopien ausgestellt > S. 73.

ESSEN & TRINKEN

MULTIKULTI IM KREOLISCHEN KOCHTOPF

Afrikanische, indische und orientalische Einflüsse vermischen sich in der kreolischen Küche, die mit ihren raffinierten Zutaten auch Gourmets begeistert. In den Kochtöpfen der Einheimischen sind die kulinarischen Einflüsse der verschiedenen Bevölkerungsgruppen spürbar. Chinesische gebratene Nudeln *mine frite* oder gekochte *mine bouille* sind ein beliebter Snack um die Mittagszeit. › mehr S. 14 Punkt ⓮ Frischer Fisch, lokales Gemüse, Geflügel und Fleischarten sowie Tomaten (von den Mauritiern *pommes d'amour* bzw. Liebesäpfel genannt) und Gewürze wie Safran, Kurkuma, Vanille oder die Gewürzmischung Masala finden sich in den traditionellen Gerichten wieder. Ziegenfleisch ist eine sehr herzhafte Spezialität. *Daube* bezeichnet ein soßenreiches Eintopfgericht, während *rougail* für Fleisch mit einer Tomatensoße steht. *Cari* und *vindaye* sind weitere Nationalgerichte, bei denen Fleisch in einer würzigen Soße serviert wird. Das Reisgericht *biryani*, das einer Paella ähnelt, wird oft bei Festen angeboten. Geflügel wird auf Mauritius sehr geschätzt, ein beliebtes Gericht ist *poulet au massala*.

Zu den Grundbeilagen der kreolischen Küche gehören Reis, *grains secs* (Bohnen bzw. Linsen), ein spinatähnliches Blattgemüse, *brèdes* genannt,

Streetfood am Central Market in Port Louis, Mauritius

und *chatini,* eine Tomaten-Chili-Mischung. Fangfrisch gekochte oder gegrillte Fische und Meeresfrüchte sind auch sehr beliebt. Auf Rodrigues schmeckt der einheimische Tintenfisch *ourite* besonders lecker und wird in vielen Variationen angeboten. Im Allgemeinen ist die einheimische Küche zwar würzig, aber nicht zu scharf. Wer es etwas schärfer haben möchte, kann nach eigenem Ermessen frisch zubereitetes *chatini* oder *achards,* mit Safran gewürzten Rohkostsalat, hinzufügen. Die französische Küche hat nicht nur in den köstlichen Desserts ihre Spuren hinterlassen, sondern auch in feinen Soßen und beim täglich frischen Baguette, das bei den meisten Mahlzeiten gereicht wird.

Zu den besonderen Inselspezialitäten, die Touristen aber selten vorgesetzt bekommen, gehören Salat aus Palmenherzen, geräucherter *marlin* (Schwertfisch), Felsenaustern, *cari* (Curry) vom Javahirsch, *bichiques* (Babyfische), geröstete Wespenlarven und *cari No. 2,* hinter dessen Name sich Affencurry verbirgt.

FRUCHTCOCKTAILS

Tropische Früchte sind unvergleichlich saftig und schmackhaft, die Hochsaison ist im Sommer, wenn die Litschis reif sind. Probieren Sie aus dem reichhaltigen Angebot der Märkte doch einmal Tamarinden, Minibananen oder die kleinen *goyaves de chine* (Erdbeer-Guaven), die sie auch auf Wanderungen oder bei Ausflügen in den Wäldern finden können. Ananas von der Insel sind besonders süß und saftig, Mangos, Papayas und Bananen im Überfluss vorhanden. Viele dieser Früchte werden auch in leckeren *punchs* und anderen Cocktails mit Rum verwendet.

RESTAURANTS AUF MAURITIUS

- **Le Pescatore** (€€€) in Trou aux Biches mit Meerblick, Terrasse und guter Weinkarte pflegt eine der besten Küchen der Insel. › S. 76
- Im Seafront-Restaurant **Les Canisses** (€€) hat man einen tollen Blick aufs Meer und den Sonnenuntergang. Gute Drinks und köstliches Essen bei gutem Service – am nördlichen Ortsausgang von Grand Baie. › S. 80
- In dem modern gestalteten Restaurant **La Table du Château** (€€€) im Park neben dem Museumsschloß Labourdonnais im Norden der Insel wird nach jahrhundertealter Tradition mauritisch gekocht und sehr appetitlich serviert. › S. 83
- In einem stilvollen Kolonialhaus von 1819 in Rivière des Anguilles serviert das freundliche Team vom **Le Saint Aubin** (€€) zur Mittagszeit schmackhafte kreolische Menüs. › S. 93
- Das **Varangue sur Morne** in Chamarel (€€) offeriert erlesene Inselspezialitäten zum tollen Panoramablick auf die gesamte Westküste. Die Gerichte sind lecker und vielseitig. › S. 96

STECKBRIEF RÉUNION

- **Staatsform:** Französisches Übersee-Departement (Département d'Outre Mer, DOM)
- **Fläche:** 2522 km²
- **Bevölkerung:** 841 000 Einw.
- **Bevölkerungsdichte:** 335 Einw./km²
- **Bevölkerungszuwachs:** ca. 1,5 % pro Jahr
- **Amtssprache:** Französisch
- **Arbeitslosenrate:** ca. 30 %
- **Währung:** Euro
- **Landesvorwahl:** 0 02 62

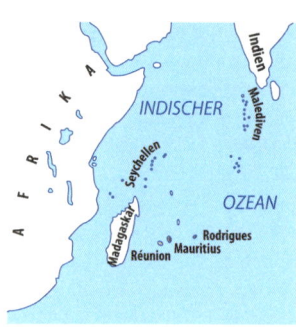

- **Zeitzone:** MEZ + 3 Std. (während der europäischen Sommerzeit + 2 Std.)

LAGE UND LANDSCHAFT

Wie Mauritius gehört auch die 170 km westlich gelegene Insel Réunion zur Gruppe der Maskarenen. Vulkanausbrüche und Erosion haben ihr zerklüftetes Relief geformt. Zum Baden eignen sich nur wenige Strandabschnitte im Westen.

In der Inselmitte erhebt sich der erloschene Vulkan Piton des Neiges (3070 m). Landschaftlich besonders reizvoll sind die drei ihn umgebenden riesigen Talkessel *(cirques)* von Cilaos, Mafate und Salazie. Der aktive Vulkan Piton de la Fournaise (2631 m) im Südosten brach zuletzt im Sept. und Okt. 2018 aus. Zwischen den beiden Massiven erstrecken sich die Hochebenen Plaine des Cafres und Plaine-des-Palmistes. Mit ihrem Reichtum an immergrüner tropischer Vegetation wirkt diese Bergwelt bizarr und geheimnisvoll.

NATUR

Réunion gleicht einem immensen botanischen Garten, der seinen Artenreichtum der Vielzahl von Mikroklimazonen verdankt. Hier wachsen Palmen, Bambus, Farne, Moose, Tamarinden, Orchideen und viele andere Blütenpflanzen. Die Pflanzen stammen meist aus Madagaskar und Afrika; Nutzpflanzen und zahlreiche Blumen wurden aus aller Welt eingeführt. Hervorragend wachsen Vanille, Tabak und Zuckerrohr, aus Geranien wird Parfümessenz gewonnen. Schnellwachsende japanische Fichten und Filaos sollen den Boden vor Erosion bewahren. Tropische Obstsorten gedeihen während des ganzen Jahres, ebenso Gewürze wie Pfeffer, Muskat, Koriander, Ingwer, Gewürznelken, Zimt und Kardamom sowie über 100 Heilpflanzen. In den Tieflagen mussten die Wälder dem Zuckerrohr weichen, dennoch ist die Insel noch immer mit viel Wald gesegnet.

Im März 2008 wurden die Gebiete um den Vulkan, die drei Talkessel, Grand Bassin, die Primärwälder und die Hochebenen offiziell zum »Nationalpark von Réunion« erklärt. Er erstreckt sich im Landesinneren über eine Fläche von 1750 km², die sich in eine innere und eine äußere Zone unterteilt. Die Umwidmung zum Nationalpark dient dem Schutz der Flora und Fauna, die in diesem einmaligen Kultur- und Naturraum gedeiht. Im Jahr 2010 wurde die Insel von der UNESCO zum Weltnaturerbe erklärt, was die Bedeutung dieser einmaligen Landschaft noch mehr betont.

Spektakuläre Tiere gibt es an Land kaum, die Meeresfauna ist jedoch sehr artenreich. Viele Tierarten wurden bereits in vergangenen Jahrhunderten ausgerottet: Riesenlandschildkröten, Krokodile, der Dodo und weitere Vogelarten.

VERWALTUNG UND WIRTSCHAFT

Seit 1946 ist die Insel Réunion als Übersee-Département (Département d'Outre Mer, DOM) ein Verwaltungsbezirk Frankreichs. Ein Staatskommissar/Präfekt aus Paris vertritt die Interessen des Mutterlandes. Zwei lokale Gremien, der Generalrat (conseil général) und das Regionalparlament (conseil régional), entscheiden über wirtschaftliche, soziale und kulturelle Fragen. Die Insel ist mit fünf Abgeordneten in der französischen Na-

tionalversammlung und im Senat mit drei Senatoren vertreten.

Das sturmresistente Zuckerrohr beherrscht die Wirtschaft, obwohl der Anbau von Früchten den Erzeugern mehr Geld einbringt. Heute werden auf Réunion pro Jahr etwa 1,9 Mio. Tonnen Zuckerrohr geerntet, aus dem die Destillerien der Insel jährlich 17 000 Hektoliter Rum erzeugen. Auf einer Fläche von 2600 Hektar werden Vétivier- und Geranienpflanzen für die Parfümindustrie angebaut. Auch die wertvolle Bourbonvanille zählt zu den Exportgütern. Von der Milch bis zum Weizenmehl müssen viele Lebensmittel und auch andere Konsumgüter eingeführt werden, entsprechend viele Menschen beschäftigt der Inselhafen Le Port. Ein wichtiger Arbeitgeber auf der Insel ist auch die Forstverwaltung. Mit Finanzhilfen und Entwicklungsprogrammen aus Frankreich hat sich Réunion in den letzten 20 Jahren stetig modernisiert.

Pantherchamäleons leben auf Mauritius und Réunion

GESCHICHTE IM ÜBERBLICK

Anfang des 16. Jhs. Portugiesische Seefahrer entdecken die Insel.

1649 Die Franzosen annektieren die Insel und nennen sie nach dem Königshaus Île Bourbon.

1735 Gouverneur Mahé de Labourdonnais lässt Straßen, Häfen und Befestigungsanlagen ausbauen.

1793 Der Name Île de la Réunion wird eingeführt.

1796 Frankreich verlangt die Abschaffung der Sklaverei, doch die Réunionais halten sich nicht daran. Napoleon gewährt 1802 den Einwohnern das Recht, weiterhin Sklaven zu halten. Zum Dank wird die Insel in Île Bonaparte umbenannt.

1806–1810 Zyklone zerstören Häuser und alle Kaffeeplantagen. 1810 besetzen die Briten Réunion.

1814 Nach dem Friedensschluss in Paris verbleibt die Insel im Besitz Frankreichs.

1815 Mit dem vermehrten Anbau von Zuckerrohr beginnt die Ära der Zuckerbarone *(Gros Blancs)*.

1848 Die Insel erhält ihren Namen Île de la Réunion zurück; endgültige Abschaffung der Sklaverei.

Um 1900 Anbau von Geranien zur Gewinnung von Parfümöl; der Vanille-Export steigt auf 20 t/Jahr.

1946–48 Réunion wird Übersee-Département Frankreichs. Ein heftiger Zyklon auf der Insel fordert fast 200 Todesopfer.

1986–89 Der Zyklon Clotilda verwüstet weite Teile der Insel. Besuch von Papst Johannes Paul II.

1991 Auf Grund von sozioökonomischen Spannungen kommt es zu Ausschreitungen in St-Denis.

1998–2006 Häufige Ausbrüche des Piton de la Fournaise.

2006 Viele Inselbewohner erkranken am eingeschleppten Chikungunya-Fieber, nach einigen Monaten sinkt die Zahl der Neuerkrankungen auf Null.

2007 Starker Ausbruch des Vulkans Piton de la Fournaise im April, Lava fließt bis ins Meer.

2008 Im Inselinneren wird ein Nationalpark eingerichtet.

2010 Die UNESCO erhebt große Teile der Insel zum Weltnaturerbe.

2011 Bei den Kommunalwahlen gewinnt die Sozialistische Partei.

2014 Im Januar fegt Zyklon Bejisa über die Insel, es kommt zu Zerstörungen, mehreren Verletzten und einem Todesopfer.

2017 Im ersten Durchgang der französischen Präsidentschaftswahlen erringt Jean-Luc Melenchon der linken Partei »La France Insoumise« mit 24,54 % die meisten Stimmen aller Kandidaten auf Réunion. Im zweiten Durchgang setzt sich jedoch der eigentlich wenig beliebte Emmanuel Macron mit 60,26 % gegen Marine Le Pen der Partei Front National durch.

2018 Jüngster Ausbruch des Vulkans Piton de la Fournaise.

2019 Blockadeaktionen der Protestbewegung Gilets Jaunes. Jüngster Ausbruch des Vulkans Piton de la Fournaise im Februar.

DIE MENSCHEN

Fast die Hälfte der 843 000 Einwohner sind jünger als 20 Jahre. Nach dem Zweiten Weltkrieg verbesserten sich die Lebensbedingungen auf der Insel, und die Bevölkerungszahl verdoppelte sich innerhalb von 30 Jahren.

Menschen aller Hautfarben haben sich zu einem Volk vermischt, das sich heute aus Nachkommen von indischen, chinesischen und europäischen Einwanderern oder afrikanischen Sklaven zusammensetzt. In der Verwaltung, im Schul- und Gesundheitswesen arbeiten viele Franzosen aus dem Mutterland, die oft nur einige Jahre auf der Insel weilen, um anschließend in die Heimat zurückzukehren.

Französisch ist die offizielle Amtssprache und im öffentlichen Leben überall verbreitet. Die Mehrheit der einheimischen Bevölkerung spricht jedoch im Alltag Créole, ein eigenständiges Idiom mit französischen Wurzeln und Adaptionen aus afrikanischen und europäischen Sprachen.

Alle Weltreligionen sind auf Réunion vertreten: Hinduismus, Christentum, Buddhismus und Islam; der größte Teil der Bevölkerung ist römisch-katholisch. Farbenfrohe tamilische Tempel stehen neben chinesischen Pagoden und prächtigen Kirchen. Die Inselbewohner tolerieren ihre andersgläubigen Nachbarn und nehmen sogar Anteil an deren Festen. Neben den großen Weltreligionen spielt der Aberglaube seit jeher eine wichtige Rolle.

Die hinduistischen Tempel muten märchenhaft an, hier in St-André, Réunion

KUNST & KULTUR

MUSIK

Auf Réunion sind verschiedene Musikrichtungen zu Hause, vor allem die Séga und die Maloya. Obwohl Popmusik, Rock, Zouk und Reggae auch hier viel gehört werden, hat die Insel innovative Musikgruppen hervorgebracht, die die überlieferten Musikstile bewahren und weiterentwickeln. So gibt es neben reinen Traditionsgruppen auch solche, die Tradiertes mit zeitgemäßer Instrumentierung kombinieren. Zu den beliebten Musikern zählen Ti-Fock, Danyel Waro, Baster, Ziskakan, Salem Tradition oder Ensemb' Zot.

TANZ

Die Menschen von Réunion tanzen überall spontan Séga, wo die Musik erklingt. Rhythmisch mit den Hüften schwingend bewegen sich die Tänzer mit- und umeinander im Takt. Die Maloya ist weniger melodisch, der Tanz nicht reglementiert. Einen wahren Aufschwung erfuhr in den letzten Jahren der Moring, ein an Kampfsport erinnernder Sklaventanz, bei dem die Männer ihre Kraft unter Beweis stellen. Ein ausgesprochenes Revival erleben auch indische Tänze, die in Tanzschulen unterrichtet werden. Die Gelegenheit, einer Tanzvorstellung beizuwohnen, sollte man sich nicht entgehen lassen.

LITERATUR UND THEATER

Wer als Literat über die Grenzen Réunions hinaus Erfolg haben möchte, muss französisch schreiben; kreolische Literatur verkauft sich nur lokal. International bekannt wurde im 19. Jh. der Dichter Leconte de Lisle. Er wurde in St-Paul geboren und begraben, lebte jedoch überwiegend in Paris. Axel Gauvin (geb. 1944) erhielt zahlreiche Auszeichnungen für seine Romane und Gedichte in kreolischer und französischer Sprache. Die Theaterszene Réunions wird von einheimischen Komödianten beherrscht, die Sketche in kreolischer Sprache vortragen. Gelegentlich finden auch Gastspiele oder Aufführungen einheimischer Ensembles in französischer Sprache statt.

ARCHITEKTUR

Kreolische Häuser *(cases créoles),* weiß getüncht oder in fröhlichen Farben, prägen die Architektur. Ursprünglich waren sie einschließlich des Daches ganz aus Holz gebaut, die einfacheren mit Stroh gedeckt. Inspiriert von der Baukunst Indiens, Madagaskars und der karibischen Antillen entstand eine vielfältige Ornamentik aus Blättern, Blüten und geometrischen Mustern, die sich vor allem in den kunstvollen Dächern zeigt. Diese sind mittlerweile nicht mehr aus Stroh gefertigt, sondern aus Wellblech und mit weißen Girlanden *(lambrequins)* für den Dachabschluss verziert. Ein üppiger Garten

In St-Denis, der Hauptstadt von Réunion, prägen Kolonialbauten das Stadtbild

gefüllt mit Blumen und tropischen Pflanzen, bewacht von einer Marienstatue in einem kleinen Schrein, umgibt das typische Haus.

Die kreolischen Villen *(villas créoles)* sehen mit ihren säulenbegrenzten Veranden sehr herrschaftlich aus. Zum zentralen Eingang führt eine Auffahrt, die oftmals mit Skulpturen oder griechischen Vasen geschmückt ist. Viele kreolische Villen und Häuser stehen inzwischen unter Denkmalschutz. Ein Komitee wacht über den Erhalt der letzten Originalbauten aus dem vergangenen Jahrhundert. In Hell-Bourg, Entre-Deux, La Plaine-des-Palmistes, St-Pierre und in St-Denis kann man cinige historische Villen bewundern.

KUNSTHANDWERK

Viele der auf Märkten angebotenen Produkte stammen aus Madagaskar, vom afrikanischen Festland oder aus Asien. Auf Réunion hergestelltes Kunsthandwerk ist oft teurer und zumeist auch hochwertiger. Viele Kleinkünstler und Betriebe erschaffen kleine und große Kunstwerke aus Leder, Holz, Körnern, Flechtmaterial, Zuckerrohr, Duftessenzen, Stoff, Edelmetallen und Papier.

Eine gute Auswahl bieten das **Kunsthandwerkerdorf in L'Eperon** *(village artisanal)* › S. 123 oberhalb von St-Gilles und die Galerie Artisanale im Carrefour-Einkaufszentrum an der Autobahn zwischen St-Denis und dem Flughafen. Auch in oder neben den Touristeninformationen, sowie auf Märkten werden oft lokal hergestellte kunsthandwerkliche Artikel zum Verkauf angeboten.

FESTE & VERANSTALTUNGEN

Das ganze Jahr über wird auf Réunion irgendwo gefeiert. Es gibt viele religiöse Feste, aber auch ortsspezifische wie das Sakifo-Musik-Festival in Saint-Pierre (Mai), das Orchideenfest Festi' plantes in St-André (Okt.) oder die Fête des Goyaviers in La Plaine-des-Palmistes (Juni).

Katholische Feste und Hochzeiten werden ausgiebig gefeiert. Feste der hinduistischen Bevölkerung wirken exotisch und bunt. Die Feiertage der muslimischen Bevölkerung werden, obwohl sie große Bedeutung haben, eher im Stillen begangen. Menschen aller Konfessionen treffen sich auf Dorffesten, bei denen man oft lokale Spezialitäten probieren kann. Das tamilische Fest **Cavadée** mit eindrucksvollen Prozessionen in St-André dauert zehn Tage, der genaue Termin richtet sich nach dem Mondkalender.

Januar: die Hindus feiern Tempelfeste, bei deren *marche sur le feu* einige mutige Festteilnehmer barfuß über glühende Kohlen gehen. In St-Denis und St-Pierre wird das **chinesische Neujahrsfest** gefeiert.
Februar: Maha Shivaratree wird von den Hindus mit rituellen Waschungen und einer farbenprächtigen Prozession begangen (St-Denis, St-André).
April: Auch beim **tamilischen Neujahrsfest** werden indische Tänze und Feuerläufe veranstaltet.

Juni/Juli: Zu **Pfingsten** besteigen Tausende Gläubige den Piton des Neiges, um an der katholischen Messe auf dem Gipfel teilzunehmen. Beim **Fest der Musik** gibt es Konzerte auf der ganzen Insel. St-Gilles-les-Bains feiert **Karneval**, gefolgt vom **französischen Nationalfeiertag** (14. Juli) mit Feuerwerk und Umzügen.
September/Oktober: Sportliche Ereignisse sorgen für Aufregung, so der Ultra-Cross-Lauf über die ganze Insel Le Grand Raid, bei dem Bewerber aus aller Welt

---

🗨 MARCHE SUR LE FEU – SPEKTAKULÄRE FEUERGÄNGE

Im Rahmen des hinduistischen Tempelfests Pandialé finden die Feuergänge *la marche sur le feu* in den verschiedenen südindischen Tempelanlagen Réunions statt, hauptsächlich in der Zeit von Dezember bis Januar und im Juni/Juli. Nach 21-tägiger Fastenzeit und ritueller Waschung im Fluss zieht eine blumengeschmückte Prozession zum Tempel, wo der Priester und einige männliche Gemeindemitglieder über glühende Kohlen laufen. Daneben werden Nahrungsmittel und Tiere geopfert (nichts für schwache Nerven), und alle ehren die Göttin Pandialé, bitten um ihren Schutz und um Stärke. Die Feste finden nicht an festgelegten Tagen statt, man erfährt Orte und Termine durch Nachfragen bei Einheimischen, in Touristeninformationen oder gelegentlich auch durch die Presse.

antreten, oder das **Wildwasserfest** in
St-Benoît.

November: Dipavali, ein tamilisches Lichterfest mit Tanzvorführungen in St-André
und anderen Orten.

Dezember: Am 20. Dezember wird alljährlich auf der ganzen Insel Réunion
mit zahlreichen Straßenkonzerten und
Paraden das **Fest zur Sklavenbefreiung**
gefeiert.

Marche sur le feu im Hindutempel Le Colosse bei St-André, Réunion

ESSEN & TRINKEN

KREOLISCHE KÜCHE À LA FRANÇAISE

Europäische, afrikanische, chinesische und indische Einflüsse verleihen der kreolischen Küche Exotik und Raffinesse; frische Zutaten und Kräuter geben ihr die Würze. In den traditionellen Gerichten finden sich die lokalen Gemüse-, Geflügel- und Fleischarten sowie Gewürze wie Safran oder Vanille wieder. Der Ozean hält täglich frische Fische und Meeresfrüchte im Überfluss bereit. Die zwei Standardgerichte der kreolischen Küche heißen *rougail* und *cari*. Dabei handelt es sich um Eintöpfe (Currys) in einer Soße aus Tomaten, Zwiebeln und anderen Zutaten, wobei der *cari* weniger Soße hat. Eine der exklusivsten Zutaten sind Palmenherzen, die zwar äußerst lecker sind, bei deren Verzehr man jedoch nicht vergessen sollte, dass eine ganze Palme dafür sterben musste. Zu den Grundbeilagen gehören Reis, *grains* (Bohnen oder Linsen) und *rougail tomate,* eine scharfe Tomaten-Chili-Mischung. Als kleiner Snack zwischendurch empfehlen sich *samoussas,* gebackene Teigtaschen mit Fleisch- oder Gemüsefüllung, und *bouchons,* chinesische Fleischbällchen im dünnen Teigmantel gedünstet. › mehr S. 14 Punkt **15**

Zu den besonderen, seltenen Spezialitäten gehören Gerichte mit Zutaten wie *bichiques* (Babyfischchen), *babafigue* (Blüte der Bananenbäume) oder Wespenlarven.

Wer sich gern kulinarisch verwöhnen lässt, hat auf Réunion die Qual der Wahl. Eine Vielzahl von Restaurants und Cuisines geben sich auf der Insel ein Stelldichein. Die meisten Restaurants bieten kreolische und chinesische Speisen an. Die Bezeichnung *métro* bedeutet französisch-europäische Küche (aus der Metropole). Daneben gibt es zahlreiche indische und italienische Restaurants. Sehr lohnend ist der Besuch in einem der feinen Restaurants, die französische Küche mit lokalen Einflüssen bereichern. Eine ausführliche Restaurantliste findet sich in dem Gratisheft RUN Guide, das in Touristeninfos erhältlich ist, und unter www.reunion.fr.

RESTAURANTS AUF RÉUNION

- Im **Le Reflet des Îles** in Saint Denis genießt man authentische kreolische Küche und interessante Dessertkreationen. › S. 117
- **Le DCP** in St-Gilles-les-Bains am Hafen lockt Gäste an, die frische Meeresfrüchte und Fischgerichte schätzen. › S. 120
- Köstliche Caris in einem kreolischen Haus mit urwaldähnlichem Garten machen **Le Paradisier** in St-Benoît zum Restaurant-Tipp. › S. 135
- **Le Makassar**, das Gourmetrestaurant des Palm Hotel & Spa mit wunderbarem Blick auf die Bucht Grand Anse, überzeugt mit neuer kreolischer und französischer Küche. › S. 137

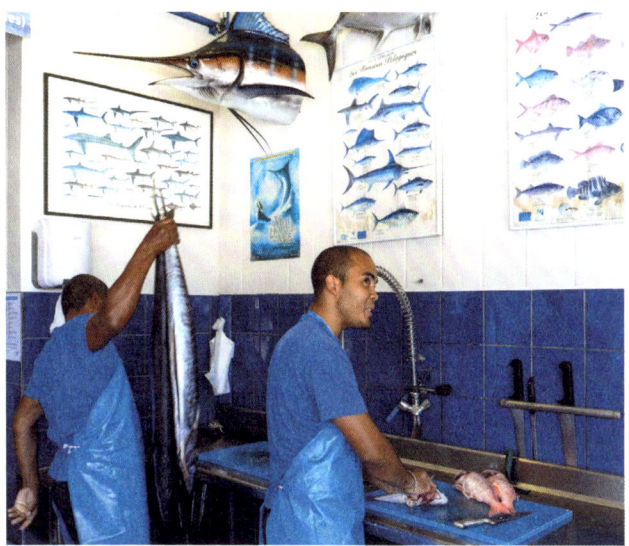

Fisch kommt fangfrisch aus dem Indischen Ozean am Hafen in St-Gilles-les-Bains

SALADE DES FRUITS

Réunion bietet eine große Auswahl an unvergleichlich saftigen und schmackhaften tropischen Früchten. Ganzjährig gibt es die aromatischen Minibananen, zuckersüße Ananas und blutorangerote Papayas; ausgefallener sind Tamarinden, Litschis, Longanis (ähnlich der Litschi, nur kleiner) oder die dunkelroten *goyavier de chine,* auch *goyave-fraise* (Erdbeer-Guave) genannt, von denen die Büsche entlang vieler Wanderwege nur so überquellen. Ein wichtiges Inselprodukt ist die qualitativ ausgezeichnete Bourbon-Vanille, die auch in vielen Gerichten verwendet wird.

GETRÄNKE

Aus dem aus Zuckerrohr gewonnenen Rum werden durch Zugabe von Kokos, exotischen Früchten oder Vanille leckere *punchs* und stärkere *rhums arrangés* hergestellt, am besten sind die hausgemachten *punchs maison.* › mehr S. 17 Punkt **33** In der Region um Cilaos wird dem Gast ein süßer Wein angeboten, eine Kuriosität. Der Wein dient aber lediglich dem Eigenbedarf und kann nur beim Erzeuger gekauft werden. Man schreibt ihm eine nachhaltig benebelnde Wirkung zu. Handelsüblicher Wein kommt entweder aus dem Mutterland Frankreich oder wird aus Südafrika importiert. Biertrinker sollten das beliebte *bière bourbon* mit dem Spitznamen *La Dodo* probieren. › mehr S. 14 Punkt **20** Überall werden auch Limonaden und Mineralwasser angeboten.

Die weitläufige Tamarin Bay besticht
mit ihrer einmaligen Naturkulisse

TOUREN & SEHENSWERTES

MAURITIUS: DER NORDEN UND OSTEN

Rund um die schroffe Insel
Coin de Mire gibt es mehrere
lohnenswerte Tauchplätze

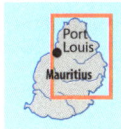

Der Norden ist mit seinen smaragdgrünen Buchten und Traumstränden die wärmste und sonnigste Gegend der Insel. Abseits der Ferienzentren erhält man Einblicke in das ursprüngliche Mauritius.

Die meisten Urlauber zieht es in den **Norden**: Rund um die Ortschaft Grand Baie pulsiert das Leben Tag und Nacht. Aus kleinen Fischerdörfern haben sich lebendige Urlaubsorte mit einer breiten Palette an Einkaufszentren, Restaurants, Bars, Unterkünften, Unterhaltungs- und Sportmöglichkeiten entwickelt. Bootsausflüge auf die kleineren vorgelagerten Inseln Coin de Mire, Île d'Ambre, Île Plate und Îlot Gabriel mit ihren tollen Schnorchelrevieren starten von hier aus. Die schönsten Touren führen nach Pamplemousses mit seinem bezaubernden Botanischen Garten und zum Zuckermuseum sowie in die Inselhauptstadt Port Louis, die von Norden her gut zu erreichen ist.

Die Hafenstadt Port Louis präsentiert sich kosmopolitisch, ein buntes Völkergemisch belebt die Straßen, Moscheen stehen neben Tempeln, Kirchen und Pagoden. Der Charme kolonialer Prachtbauten verzaubert, doch ebenso beeindruckend ist die postmoderne Architektur der Geschäftszentren.

Vom Wind umschmeichelt, liegt die **Ostküste** etwas abseits der Hauptrouten, auch wenn sich hier einige der schönsten Ferienanlagen und Golfplätze der Insel befinden. Endlose Strände, Trauminseln, Zuckerrohr, Felsen und Wälder: Entlang dieser Küste, die schon im 17. Jh. von den Holländern besiedelt wurde, erlebt man eine Synthese der verschiedenen Landschaften und Kulturen. Besonders unverbaut und wildromantisch zeigt sich die Küste bei Poste de Flacq und südlich von Trou d'Eau Douce.

Die pittoreske Kapelle Notre-Dame Auxiliatrice in Cap Malheureux

TOUREN IN DER REGION

DIE STÄDTE IM INSELINNEREN

ROUTE: Port Louis › Eureka › Moka › Curepipe › Floréal › Quatre Bornes › Rose Hill › Beau Bassin › Port Louis

KARTE: Seite 70
LÄNGE: 1 Tag
PRAKTISCHE HINWEISE:
Wegen der verwirrenden Strecken-verläufe und fehlender Beschilde-rung in den städtischen Gebieten empfiehlt sich ein Wagen mit Fahrer.

TOUR-START:

Von **Port Louis 1** › S. 72 fahren Sie zur **La Maison Créole Euréka 3** › S. 75, das sehr schöne Kolonialher-renhaus ist zu besichtigen. Nächster Ort an der Schnellstraße ist die Uni-versitätsstadt **Moka 4** › S. 75. Über Phoenix, wo die großen Gebäude der Brauerei Mauritius Breweries ins Auge fallen, geht es nach **Cure-pipe.** Die zweitgrößte Stadt der In-sel (79 000 Einw.) lockt mit ange-nehmem Klima in 400 bis 600 m Höhe. Den Stadtkern dominieren markante Gebäude britischen Stils, und in den Vororten liegen elegante Villen in gepflegten Gartenanlagen. Curepipe bietet gute Einkaufsmög-lichkeiten und Restaurants mit in-ternationaler Küche. Empfehlens-wert ist ein Stadtrundgang, der an der Markthalle mit ihrem großen Angebot an Obst und Gemüse be-ginnt. Gleich nebenan, gegenüber dem Rathaus, steht das populäre Bronzedenkmal für Paul und Vir-ginie von Prosper d'Epinay. Auch die Kirche Ste.-Thérèse d'Avila mit imposanter Deckenkonstruktion lohnt den Besuch. Die Geschäfte in Curepipe sind donnerstags- und sonntagnachmittags geschlossen.

Lohnend ist die Fahrt zum erlo-schenen **Trou aux Cerfs,** einem kreisrunden Vulkankrater mit ei-nem kleinen See im Schatten alter Bäume. Vom Kraterrand lassen sich die Stadt und ihre Umgebung gut überblicken. Im Vorort **Floréal,** 3 km westlich von Curepipe, sollte man das Einkaufszentrum Floréal Square mit Café und interessantem Textilmuseum sowie das unterhalb liegende Shibani Center nicht ver-säumen. In diesem Ortsteil werden viele Strickwaren produziert. Von hier geht es über Vacoas nach **Qua-tre Bornes,** einer auf 300 m Höhe gelegenen Stadt, in der tagsüber viel los ist. Sonntags und donnerstags findet hier vormittags ein riesiger Kleidermarkt statt. Der Übergang in die Schwesternstädte Rose Hill und Beau Bassin scheint nahtlos, und zu Stoßzeiten geht es recht sto-ckend voran. Über 250 000 Men-schen leben allein in diesem Bal-lungszentrum. Neben modernen Einkaufszentren findet man hier auch traditionelle Geschäfte. Schon Ende des 19. Jhs. war diese Gegend ein beliebtes Rückzugsgebiet reicher Städter vor der Hitze der Küstengebiete. Einige schöne, alte Kolonialhäuser in den Nebenstraßen zeugen von dieser Zeit. In der Arab Town von Rose Hill erlebt man inseltypisches Flair mit Boutiquen im Basarstil. Von Beau Bassin führt die Straße A 1 zurück nach Port Louis.

RUND UM DIE NORDSPITZE

ROUTE: Trou aux Biches › Tirolet › Grand Baie › Cap Malheureux › Goodlands › Pamplemousses › Pointe aux Piments › Trou aux Biches

KARTE: Seite 70
LÄNGE: 1 Tag, 53 km
PRAKTISCHE HINWEISE:
Planen Sie genügend Zeit für die Besichtigungen ein.

TOUR-START:

Von **Trou aux Biches** 6 › S. 76 machen Sie einen Abstecher nach **Triolet** 7 › S. 77 und besichtigen dort den bedeutenden Hindutempel der Insel. Dann geht es auf der Küstenstraße nach Norden bis zur **Pointe aux Canonniers,** vorbei am beliebten öffentlichen Strand von Mont Choisy. Im Ort **Grand Baie** 8 › S. 77 ist immer viel los – vor allem

nachts –, tagsüber leuchtet jedoch die Bucht mit den vielen Booten besonders blau. Wer baden möchte, sollte den kleinen Strand von **Péreybère** 9 › S. 80 aufsuchen. Ab hier verläuft die Straße an den Mauern von Privathäusern vorbei bis nach **Cap Malheureux.** An der Nordspitze von Mauritius landete 1810 die britische Marine, um auf dem Landweg nach Port Louis vorzustoßen. Die direkt an der Küste gelegene Kapelle Notre-Dame Auxiliatrice und den vorgelagerten Inseln **Coin de Mire** 10, **Île Plate** 11 und **Îlot Gabriel** 12 › S. 80 ist ein beliebtes Fotomotiv. › mehr S. 15 Punkt 24 An der Küste entlang geht es bis **Grand Gaube.**

Im Norden zeigt sich die Küste rauer als zuvor. Hier leben seit jeher Fischer. Auf Anfrage fahren sie hinüber zur **Île d'Ambre,** die mit immergrünem Filaos bewachsen ist. In den flachen Gewässern zwischen der Küste und der kleinen Insel werden Austern gezüchtet.

Die Tour führt nun ins Landesinnere nach **Goodlands, die** Heimat der Schiffsmodellwerkstatt Historic Marine. Die maßstabgerecht nachgebauten Modelle verblüffen durch ihre Präzision › S. 78. Von hier geht es in die kleine Küstensiedlung **Poudre d'Or.** Am felsigen Ufer erinnert ein Gedenkstein an den Untergang des Schiffes *Saint Géran* am 18. August 1744, auf dem die Liebenden Paul und Virginie ihr Leben verloren › S. 49. Landeinwärts fahren Sie durch schier endlose Zuckerrohrfelder nach **Pamplemousses** 13 › S. 81, wo der Botanische

Garten und ein Zuckermuseum zur Erkundung einladen. Auf kleinen Nebenstraßen geht es über Moulin à Poudre nach **Balaclava** an die Küste. Außer in den Strandhotels ist hier nicht viel los. In der Baie aux Tortues, der Bucht vor den Hotels Maritim und Oberoi, liegen schöne Schnorchelgründe. Die Straße führt nach Norden zur Pointe aux Piments, dessen nach Süden verlaufender Sandstrand auch von Hotels gesäumt wird. Ab hier ist die Küste stärker von Lavafelsen durchsetzt, bis weiter nördlich der lange Strand von Trou aux Biches beginnt.

VERKEHRSMITTEL

- Port Louis hat zwei **Busbahnhöfe:** Busse nach Norden und Nordosten fahren von der Place de l'Immigration etwas nördlich des Zentralmarkts ab, Linien in die Inselmitte, den Süden und Südwesten beginnen an der Place Victoria gegenüber der Caudan Waterfront. Expressbusse sind oft nur unwesentlich teurer, aber viel schneller als die regulären Busse.

TOUREN AUF MAURITIUS, NORDEN & OSTEN

TOUR

DIE STÄDTE IM INSELINNEREN

Port Louis > Eureka > Moka > Curepipe > Floréal > Quatre Bornes > Port Louis

TOUR ❷

RUND UM DIE NORDSPITZE

Trou aux Biches > Tirolet > Grand Baie > Cap Malheureux > Goodlands > Pamplemousses > Pointe aux Piments > Trou aux Biches

- Das **Passagierschiff** *MS Mauritius Trochetia* verbindet Port Louis mit Réunion und Rodrigues > S. 28, 104.
- **Taxis** verfügen zwar in der Regel über ein Taxameter, die Taxifahrer weigern sich aber meist, dieses einzuschalten, und verhandeln den Preis lieber individuell oder halten sich an Listen mit festgelegten Tarifen zu bestimmten Zielen. Einigen Sie sich unbedingt vor Fahrtantritt mit dem Fahrer auf den Preis.

- **Mietwagenfahrer** parken am besten auf den bewachten Parkplätzen (geringe Parkgebühr) an der Caudan Waterfront.

◀ Karte S. 70

WICHTIGE ADRESSEN

Mauritius Tourism Promotion Authority (MTPA)

- Victoria House | St-Louis Street
  Port Louis | Tel. 203-1900
  www.tourism-mauritius.mu
  Mo–Fr 9–16 Uhr

Ein zweites **MTPA-Büro** arbeitet am Sir Seewoosagur Ramgoolam International Airport.

- Tel. 637-3635

Air Mauritius

- Air Mauritius Centre
  5, President J. Kennedy Street
  Port Louis
  Tel. 207-7070
  www.airmauritius.com

UNTERWEGS IM NORDEN UND OSTEN

PORT LOUIS 1 ⭐ 📱 D4

Den Besucher von Port Louis erwartet kein verträumter Ort mit restaurierten Kolonialbauten, sondern eine brodelnde Hafenstadt mit dichtem Autoverkehr und geschäftigen Menschen. 160 000 Einwohner zählt die kosmopolitische Metropole im Nordwesten der Insel, täglich kommen zusätzlich Tausende zur Arbeit her. Dank des Hafens entwickelte sich die Stadt zu einem internationalen Handelszentrum und dem wichtigsten Arbeitsplatz der jungen Republik. Inmitten des Trubels lassen sich aber auch einige lauschige Winkel entdecken, die an vergangene Zeiten erinnern.

GESCHÄFTIGE HAUPTSTADT

Die hufeisenförmige Bucht, durch eine Bergkette gut vor Passatwinden geschützt, bot die besten Voraussetzungen für einen Ankerplatz. Verständlich, dass hier die Segelboote der Piraten des Indischen Ozeans vor Anker gingen und die Ostindien-Gesellschaft Posten bezog. Aber erst die Übersiedlung des Gouverneurs Mahé de Labourdonnais von Réunion nach Mauritius brachte 1735 den Aufschwung im Port Nord-Ouest, der später zu Ehren des französischen Königs Louis XV in Port Louis umbenannt wurde. Als Denkmal schaut der Gouverneur heute noch von seinem Sockel auf den Hafen der Stadt. Zyklone und Brände zerstörten große Teile von Port Louis, in den 1990er-Jahren entstanden moderne Verwaltungsgebäude und glitzernde Hochhäuser. Jeden Tag verstopfen Autos und Mopeds die im 18. Jh. rechtwinklig angelegten Straßenzüge der Stadt; auf den Bürgersteigen drängen sich die Menschen. Ab 18 Uhr allerdings wirkt Port Louis wie ausgestorben, nur an der Caudan Waterfront treffen sich die Nachtschwärmer.

AM HAFEN ENTLANG

Die **Jummah-Moschee** Ⓐ 📱 c2 wurde von pakistanischen und indischen Handwerkern Mitte des 19. Jhs. errichtet, heute ist sie wegen ihrer kostbaren Ausstattung vermutlich das wertvollste historische Bauwerk der Insel. Ohne Schuhe dürfen Fremde den Vorhof betreten und einen Blick in die Gebetshalle werfen. Rund um die Rue Dr-Sun-Yat-Sen, etwas nördlich der Moschee, liegen die engen Gassen des **Chinesenviertels**. Im Erdgeschoss der Häuschen aus der Zeit um 1900 befinden sich kleine Läden, wo mit Lebens- oder Arzneimitteln, Elektrogeräten oder Schmuck gehandelt wird; in den Restaurants werden asiatische Köstlichkeiten serviert.

Der **Zentralmarkt** Ⓑ 📱 c2 ist Treffpunkt und Umschlagplatz für Informationen. Hier kann man das lokale Warenangebot für die tägliche Versorgung in Augenschein nehmen und neben Obst und Gemüse, Fleisch, Geflügel und Fisch, Gewürzen und Tee auch Lederwaren, Körbe, Kleidung und Spielzeug sowie andere Souvenirs erstehen (Mo–Sa 6 bis 18, So 6–12 Uhr; am besten frühmorgens). › mehr S. 15 Punkt ㉓

Neben dem schönen Steingebäude der alten **Hauptpost** Ⓒ 📘 c2 (Quay Street), gegenüber vom Markt, befindet sich das kleine **Postal Museum** mit einer Briefmarkensammlung (Mo–Fr 9.30–16.30, Sa bis 15.30 Uhr).

Südlich des Hafens lockt die moderne **Caudan Waterfront** Ⓓ 📘 b2 Einheimische wie Touristen an. Der Komplex im Kolonialstil ist das postmoderne Prunkstück der Hauptstadt mit zahlreichen Geschäften, Restaurants, Kinos, einem Kunsthandwerkszentrum und Kasino sowie zwei Luxushotels (www.caudan.com) › S. 74. Das hier angesiedelte **Blue Penny Museum** zeigt seltene Briefmarken, darunter die berühmte Blaue und Orange Mauritius › S. 51, sowie Exponate zur Geschichte der Insel (www.bluepennymuseum.com, Mo–Sa 10–17 Uhr).

SÜDLICH DES HAFENS

Der **Regierungspalast** Ⓔ 📘 c2 ist das älteste noch erhaltene Gebäude auf der Insel. Die prächtigen Räume werden nur bei Staatsempfängen

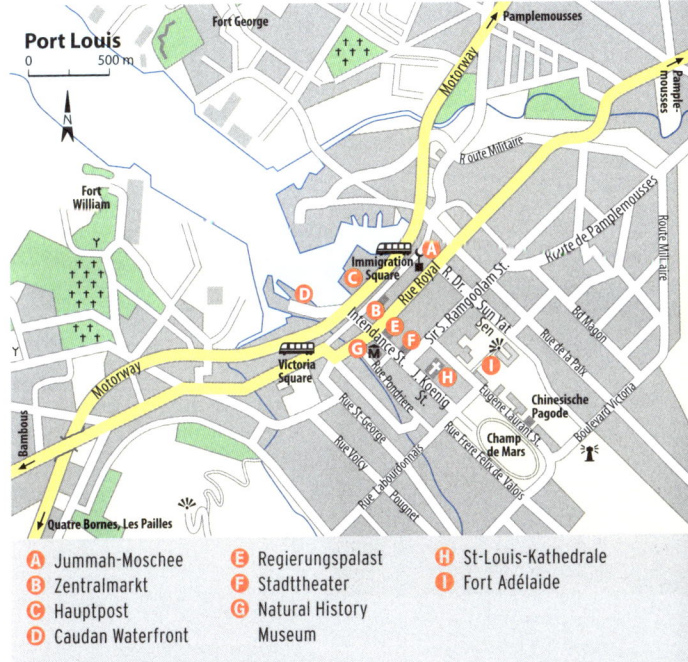

A Jummah-Moschee
B Zentralmarkt
C Hauptpost
D Caudan Waterfront
E Regierungspalast
F Stadttheater
G Natural History Museum
H St-Louis-Kathedrale
I Fort Adélaide

genutzt. Das Marmorstandbild vor dem Government House stellt Queen Victoria dar. Das neoklassizistische **Stadttheater** **F** 📕 c2 mit dem Säulenportal erlebte während der Kolonialzeit glanzvolle Jahre. Es müsste dringend renoviert werden, deshalb finden hier seit Langem keine Veranstaltungen mehr statt. Der deutsche Stararchitekt Stephan Braunfels hat eine honorarfreie Sanierung angeboten, doch verstauben seine längst ausgearbeiteten Pläne im Büro des Premierministers. In der nahen Vieux Conseil Street belegen die Aufnahmen im **Musée de la Photographie,** wie die Stadt vor 100 Jahren aussah. Die große Sammlung umfasst auch Kameras, Negative und Daguerreotypien (Mo–Fr 10–15 Uhr). Im kleinen **Jardin de la Compagnie** fällt

ein altes Gebäude mit einer von Säulen flankierten Loggia auf, das **Mauritius Institute.** 1880 als Kulturzentrum errichtet, beherbergt es heute im Erdgeschoss das **Natural History Museum** **G** 📕 b/c2. Präparierte einheimische Vögel und Fische, eine Nachbildung des Dodo > S. 11 und Schmetterlingssammlungen vermitteln einen Überblick über die Inselfauna (Mo, Di, Do, Fr 9–16, Sa/So 9–12 Uhr).

Stadtauswärts Richtung **Pferderennbahn** (Champ de Mars) steht die katholische **St-Louis-Kathedrale** **H** 📕 c2/3, die älteste Kirche der Stadt. In dem eher unscheinbaren grauen Gebäude wurden die Frau und der Sohn des Gouverneurs Mahé de Labourdonnais beigesetzt. Über der Stadt thront die 1834 bis 1840 von den Briten errichtete Zitadelle **Fort Adélaide** **I** 📕 c2. Von hier genießt man einen fantastischen Blick über die ganze Stadt und die umliegenden Berge. Das Innere ist nicht zugänglich.

Auf dem Zentralmarkt von Port Louis bekommt man fast alles

HOTELS

Labourdonnais €€€
Elegantes Businesshotel an der Caudan Waterfront, 109 im Empire-Stil ausgestattete Zimmer mit Gourmetrestaurant.
• Caudan Waterfront | Port Louis
  Tel. 202-4000
  www.labourdonnais.com

Le Suffren Hotel & Marina €€–€€€
Modernes Stadthotel am Hafen, geräumige Zimmer, Bar, Restaurant und Pool.
• Le Caudan | Port Louis
  Tel. 202 4900
  www.lesuffrenhotel.com

RESTAURANTS

Le Courtyard €€–€€€
Raffinierte vielfältige Fusionsküche in einem charmanten Innenhof.
• St-Louis St., Ecke Chevreau St.
  Port Louis | Tel. 210-0810
  www.le-courtyard.com
  Mo–Sa mittags, Do–Fr auch abends

Grand Canton Restaurant €€
Vorzügliche asiatische Küche. Mittags köstliche Dim-Sum.
• 47, Queen St. | Port Louis
  Tel. 217-3715 | www.grandcanton.com
  Mi–Mo mittags und abends

La Bonne Marmite €€
Indische und kreolische Gerichte in einem Kolonialhaus.
• 18, Sir William Newton St. | Port Louis
  Tel. 212-4406 | www.bonnemarmite.com
  Mo–Fr mittags

SHOPPING

Einkaufszentren Caudan und Port Louis Waterfront
Beste Auswahl an Musik, Literatur, Schmuck, Kunst, Kleidung.
• Am Hafengelände | Port Louis

Tulsidas Fils
Seide in Hülle und Fülle sowie indische Saris und maßgefertigte Anzüge.
• 41, S. Rangoolam St.
  32, Sir William Newton St.
  Port Louis | Tel. 240-2672

NIGHTLIFE

Le Caudan Waterfront
Dank der Kinos und Restaurants sowie des Kasinos ist hier abends Betrieb.
• Am Hafengelände | Port Louis
  www.caudan.com

AUSFLÜGE

DOMAINE LES PAILLES **2** ◖ C5

Südlich von Port Louis, am Fuß der Mokaberge, liegt die Domaine Les Pailles. Auf dem Areal wurde ein Freilichtmuseum im Stil einer alten Plantage errichtet, das schon bessere Jahre gesehen hat, aber trotzdem interessant ist. Pferde stehen für Kutschfahrten bereit; ein kleiner Zug fährt zur Zuckermühle und historischen Rumdestillerie; das Maskenmuseum zeigt Exponate aus aller Welt. In Spezialitätenrestaurants wird man kulinarisch verwöhnt, abends öffnet ein Kasino seine Tore (tgl. 9–17 Uhr, Tel. 286-4225 auch für Reservierungen in den Restaurants).

RESTAURANT

Indra €€€
Indische Küche vom Feinsten, sehr ansprechende Dekoration und guter Service.
• Domaine Les Pailles
  Tel. 285-0992 | So geschl.

LA MAISON CRÉOLE EURÉKA **3** **2** ◖ C5

Im nahen Kolonialhaus Maison Créole Euréka lohnt ein Blick in die stilvoll eingerichteten Räumlichkeiten. Wer zum Teetrinken auf der schattigen Veranda mit ihren zierlichen Holzsäulen verweilt, kann gut nachempfinden, wie die wohlhabenden Plantagenbesitzer einst gelebt haben. Ein Restaurant sowie Verkaufsstände gehören zum Museum (Tel. 433-8477, www.eureka-house.com, Mo–Sa 9–17, So 9 bis 15.30 Uhr).

MOKA `4` `C5`

Von Euréka kann man weiterfahren nach Moka, wo sich die Universität von Mauritius befindet. Der ehemalige Gouverneurspalast **Le Réduit** (1778 erbaut) westlich der Stadt ist jetzt Sitz des Staatspräsidenten und so haben bei Staatsempfängen nur geladenen Gästen Zutritt. Entgegen langjährigen Gepflogenheiten kann das Gelände nur noch einmal im Jahr besichtigt werden.

MONT POUCE `5` `D5`

Geübte Wanderer lockt unweit von Port Louis der 811 m hohe Pouce. Auf einem guten Pfad erreicht man von der Vallée du Pouce südlich der Hauptstadt in ca. 3 Std. den Gipfel. Den markanten Nachbarberg Pieter Both (823 m) sollte man wegen riskanter Kletterstellen besser mit einem Bergführer erklimmen. Anfragen über das Reiseunternehmen Connections (Crater Lane, Floréal, Tel. 696-9933, www.connections.mu, deutsche Leitung, organisiert auch Ausflüge und Kombireisen nach Réunion).

TROU AUX BICHES `6` `D3`

Rund um den Ort und weiter bis Grand Baie reihen sich Hotels und Bungalowanlagen aneinander. Die in der Lagune ankernden Boote gehören zum zweitgrößten Sportfischerklub der Insel, Le Corsaire (Tel. 265-5209).

Ein langer Sandstrand mit Schatten spendenden Kasuarinenhainen erstreckt sich von Trou aux Biches 6 km nach Norden bis **Pointe aux Canonniers**; am Wochenende ist der öffentliche Strand von Mont Choisy ein besonders bei Familien beliebter Picknickplatz.

HOTELS

Maritim €€€
First-Class-Hotel im mauritischen Stil an einer reizvollen, abgelegenen Bucht; große Poollandschaft, umfangreiches Sportangebot, Health-Center, elegante Ladenzeile, deutsche Leitung.
• Balaclava | Terre Rouge
Tel. 204-1000 | www.maritim.de

The Oberoi €€€
Intimes Boutiquehotel in wunderschöner Lage mit Topservice und breitem Wellnessangebot, sehr gute Küche.
• Pointe aux Piments | La Plage Coden
Tel. 204-3600
www.oberoihotels.com

Récif Attitude €€
70 modern gestaltete Zimmer, teilweise auf zwei Etagen, Pool, ideal für Familien.
• Pointe aux Piments
Tel. 261-0444
www.hotels-attitude.com

RESTAURANTS

Le Pescatore €€€
Feinschmeckerlokal mit mediterraner Fischküche direkt am Meer.
• Coastal Rd. | Trou aux Biches
Tel. 265-6337
http://pescatore.restaurant.mu

1974, da Antonio e Giulia €€
Frische italienische Küche – vom Eigentümer selbst liebevoll zubereitet.
• Coastal Rd. | Trou aux Biches
Tel. 265-7400 | Di–So abends

Der Name ist Programm am Paradise Beach in Grand Baie

SHOPPING

Galerie Hélène de Senneville

Hier lassen sich Bilder einheimischer Künstler erstehen.

- Royal Rd. | Pointe aux Canonniers
  Tel. 263-7426
  www.galeriehelenedesenneville.com

Galerie Raphaël

Bilder von Künstlern aus Mauritius, Madagaskar und Indonesien sowie schöne Schiffsmodelle aus Goodlands

- Royal Rd. | Pointe aux Canonniers
  Tel. 263-6470

TRIOLET   📖 D3

Im Hinterland von Trou aux Biches wartet der kleine Ort Triolet mit der bedeutendsten hinduistischen Tempelanlage der Insel, dem **Maheswarnath-Tempel**, auf. Um den Ende des 19. Jhs. errichteten Haupttempel entstanden kleinere farbenprächtige und üppig dekorierte Schreine, die Vishnu, Krishna, Ganesha und anderen Gottheiten gewidmet sind. Vor und nach den Zeremonien sind die Tempel zu besichtigen; Schuhe und Lederwaren dürfen aus Glaubensgründen nicht getragen werden.

GRAND BAIE 8 📖 D3

Grand Baie ist der bekannteste Ort im Norden der Insel und liegt an der gleichnamigen breiten Bucht. Sie ist ein beliebter Ankerplatz für Weltumsegler, aber auch Landratten, die ein wenig Trubel suchen, zieht es

WOHLFEILE SCHNÄPPCHEN

Im Einkaufsparadies Mauritius kann man seine komplette Garderobe mit Markenware aufstocken, die um die Hälfte günstiger ist als in Europa. Als Souvenirs beliebt sind Schiffsmodelle historischer Segler (*maquettes*) und Schmuck.

SCHIFF AHOI

Der Stolz des Kunsthandwerks sind die nach Originalplänen gebauten Schiffsmodelle. Die ersten Kunstwerke von José Ramar entstanden um 1960. Heute bekommt man Modelle jeder Größe und Qualität. Von organisierten Fahrten ist abzuraten, da die Führer die Werkstätten nach Höhe der Kommission auswählen.

Besonders hochwertig sind die Modelle aus der Manufaktur Historic Marine in Goodlands. Bei der Arbeit kann man zusehen (Tel. 283-9404, Mo–Fr 9–12, 14–17 Uhr, Sa, So 9 bis 12 Uhr, Eintritt frei; www.historic-marine.com). Größere Schiffsmodelle dürfen nicht bei jeder Fluggesellschaft ins Handgepäck. Informieren Sie sich über die Beförderungsbedingungen.

ANZUG NACH MASS

Binnen 48 Stunden kann man sich einen Maßanzug schneidern lassen, z. B. bei **Karl Kaiser, Cotton Club** oder **House of Caustat** (in den Einkaufszentren). Geschäfte mit Duty-Free-Aufkleber sind nicht immer günstiger. Dort muss man zum Einkaufen den Reisepass und das Flugticket zeigen.

MODE UND ACCESSOIRES

Namhafte Designer wie Cerruti, Max Mara, Karl Kaiser (in Europa Hugo Boss) lassen Teile ihrer Kollektionen hier fertigen. Achten Sie auf die Verarbeitung und handeln Sie, denn die Preise sind oft flexibel.

SHOPPING-ADRESSEN

- **Caudan Waterfront** ▉ C/D4
  Einkaufs- und Vergnügungscenter mit Handwerk und allen großen Marken.
  Port Louis | www.caudan.com
  Mo–Sa 9.30–17.30, So/Fei 9.30–12.30 Uhr
- **Sunset Boulevard** ▉ D3
  Offene, schöne Mall mit Mode, Lederwaren, Schmuck und Kunsthandwerk.
  Grand Baie | Tgl. 9–18 Uhr
- **Phoenix Mall** ▉ C6
  Einkaufszentrum mit Geschäften für Bekleidung, Schmuck und Accessoires sowie Cafés und Restaurants.
  Ave. Sivananda | Phoenix
  www.phoenixmall.mu | Mo–Do 9–20.30, Fr, Sa 9–22, So/Fei 9–15 Uhr
- **Floréal Square** ▉ C6
  Gute Shops und Textilmuseum.
  John Kennedy Ave. | Floréal
  Mo–Fr 9.30–17.30, Sa bis 16 Uhr
- **Ocean Factory Shop** ▉ C6
  Bade- und Freizeitmode namhafter Hersteller.
  56 Nalletamby Rd. | Phoenix
  www.oceanmauritius.com
  Mo–Sa 8.30–17.30 Uhr
- **Kleidermarkt am Busbahnhof von Quatre Bornes** ▉ C5/6
  Mode, Bettwäsche, Taschen und Stoffe unterschiedlicher Qualität.
  Do und So 6–18 Uhr

Gartenpflege im Hotel Royal Palm in Grande Baie

hierher. Grand Baie versammelt mehr Restaurants, Cafés und Boutiquen als jeder andere Ort auf Mauritius; die Diskotheken und Bars sind bis zum frühen Morgen geöffnet. Strandfreuden pur verspricht die traumhafte Bucht La Cuvette im Norden. Ein Erlebnis sind zudem die Unterwasserspaziergänge › S. 35. Einen anderen Akzent setzt der Hindutempel im Norden des Ortes.

HOTELS

Baystone Boutique Hotel & Spa €€€
Kleine Anlage im modernem Design am Strand der Pointe aux Cannoniers, Topservice und exzellente Küche.
• Coastal Rd. | Grand Baie
  Tel. 209-1900 | www.baystone.mu

Royal Palm €€€
Hochkarätiges Refugium der internationalen Prominenz mit diskretem, persönlichen Service. Feinkörniger Sandstrand, Gourmetrestaurant, Bar und Wellnessbereich.
• Royal Rd. | Grand Baie
  Tel. 209-8300
  www.beachcomber-hotels.com

20° Sud €€€
Charmantes, idyllisch an einer türkisfarbenen Lagune mit von Kokospalmen gesäumten Traumstrand gelegenes Boutique-Hotel (Relais et Châteaux). Sehr persönlicher Service. Erstklassiges Restaurant oberhalb des Strands, vorzügliches Spa.
• Royal Rd. | Pointe aux Canonniers
  Tel. 263-5000
  www.20degressud.com

Veranda Grand Baie & Spa €€
Ruhiges Bungalowhotel mit über 90 Zimmern in tropischer Gartenanlage am Nordrand des Ortes.
• Coastal Rd. | Grand Baie
  Tel. 209-8000
  www.veranda-resorts.com

RESTAURANTS

Chez Ram/Restaurant Coolen €€
Eine Institution: Authentische kreolische Küche im Zentrum des Ortes. Frische lokale Ingredienzen, gute Portionen. Spezialität: Fisch und Meeresfrüchte.
• Royal Rd. | Grand Baie | Tel. 263-8569
  http://coolen-chez-ram.restaurant.mu

Happy Rajah €€
Erstklassige indische Küche im Zentrum von Grand Baie.
- Super U Complex | Grand Baie
  Tel. 263-2241 | www.happyrajah.com
  Tgl. mittags und abends.

Le Capitaine €€
Romantisch gelegenes, beliebtes Terrassenlokal am Meer; hier gibt's vor allem Fisch und Meeresfrüchte.
- Coastal Rd. | Grand Baie
  Tel. 263-6867 | www.lecapitaine.mu

Les Canisses Resto & Plage €€
Leckere Fischgerichte, feine Lammkeule und Pizza direkt am Strand.
- Royal Rd. | Rivière du Rempart
  Grand Baie | Tel. 263-5231
  http://lescanisses.restaurant.mu

Sunset Café €€
Terrasse mit schönem Blick auf den Jachthafen; gutes Frühstück, Snacks und Desserts, leckere Cocktails.
- Royal Rd. | Grand Baie
  Tel. 263-9602 | http://sunset-cafe-grand-baie.restaurant.mu

Blue Lagoon Café €
Mauritisches Fast Food mit Snacks, Hamburgern, Eis und nettem Frühstücksangebot nahe der Polizeistation. Viele Einheimische.
- Royal Rd. | Grand Baie
  Tel. 263-3889

NIGHTLIFE
- Wer gerne Karaoke singt, tanzt oder Livebands hört, fühlt sich im angesagten **Le Kamikaze Night Club** und in der angrenzenden Bar **Banana Beach Club** (Royal Rd.) wohl.

- Auch in der **Beach House Bar** (www.thebeachhouse.mu) direkt am Strand und im **Le Off** (Royal Rd., Pointe aux Canonniers, www.le-off.mu) wird getanzt.

SHOPPING
Agency Craft Shop
Schönes Kunsthandwerk.
- Royal Rd. | Grand Baie Nord
  Tel. 263-5423

Vaco Art Gallery
Farbenfrohe Bilder, Schmuck- und Keramikarbeiten des bekannten einheimischen Malers Vaco Baissac.
- Dodo Square | Grand Baie
  Tel. 263-3106 | www.vacoartiste.com

PÉREYBÈRE 9 ⬛ D2/3

Wer es gerne etwas ruhiger und familiärer hat, der logiert in Péreybère, nur 2 km nördlich von Grand Baie. Hier befinden sich kleine Restaurants, Boutiquen und ein beliebter Strand. Je weiter man nach Norden fährt, desto ruhiger wird es.

HOTELS
Hibiscus Beach Resort & Spa €€
Gemütliche Zimmer direkt am Strand. Dazu ein Garten mit Pool, gutes Restaurant, Snackbar, Wassersportangebote und Abendunterhaltung, Tauchklub.
- Royal Rd. | Péreybère
  Tel. 263-8554 | www.hibiscushotel.com

Péreybère Hotel & Apartments €–€€
Einheimische Mittelklasse-Anlage mit gutem Service direkt am Strand.
- Royal Rd. | Péreybère
  Tel. 263-8320 | www.pereyberehotel.com

COIN DE MIRE **10**, ÎLE PLATE **11**, ÎLOT GABRIEL **12** ⭐ ▮ D/E2, E1

Beliebt sind Tagesausflüge inklusive Picknick zu den vorgelagerten unbewohnten Inseln – sei es auf einer Segeljacht, mit dem Katamaran oder einem Motorboot. Während die steilen Felsklippen von Coin de Mire eine Landung nicht zulassen, sind die feinsandigen Badeinseln Île Plate und Îlot Gabriel einen Besuch wert, und im warmen Meerwasser zwischen ihnen kann man herrlich schwimmen. Die Überfahrt dauert etwa 2 Std., es kann sehr wackelig

werden. Schützen Sie sich vor Seekrankheit! Informationen bei den Reiseveranstaltern › S. 28.

PAMPLEMOUSSES **13** ⭐ ▮ D4

Die kleine Stadt hat eigentlich wenig zu bieten, wäre sie nicht Heimat des berühmten und sehr sehenswerten Botanischen Gartens und des modernen Zuckermuseums in einer ehemaligen Zuckerraffinerie. In der Nähe des Ortes lockt das Gourmetrestaurant La Table du Château in einem ehemaligen Herrenhaus › S. 83.

Der Botanische Garten in Pamplemousses

BOTANISCHER GARTEN

Der Botanische Garten mit seiner ungeheuren Vielfalt an Palmen und tropischen Zierpflanzen ist für Botaniker eine wahre Schatzkammer und lockt viele Besucher hierher. »Mon Plaisir« nannte Mahé de Labourdonnais seinen Landsitz, auf dem er Gemüsegärten anlegen und sich ein Schlösschen bauen ließ, das heute noch zu bewundern ist. Es steht unter Denkmalschutz und wird nur hin und wieder bei Staatsempfängen geöffnet. In seiner Nähe leben in einem Gehege einige riesige Aldabraschildkröten. 1774 übernahm die Ostindien-Kompanie das Gelände und ließ Maulbeerbäume anpflanzen, um Seidenraupen zu züchten – wenig erfolgreich, wie sich bald herausstellte. Der eigentliche Gründer des Botanischen Gartens, der Inselintendant Pierre Poivre, übernahm schließlich das Gelände in seinen Privatbesitz und begann systematisch, tropische Pflanzen zu sammeln. Von seinen Reisen nach Indien, China und zu den Philippinen brachte er Bäume, Zier- und Gewürzpflanzen mit, kultivierte sie erfolgreich in Pamplemousses und durchbrach mit Pfeffer und Muskatnüssen Anfang des 19. Jhs. das niederländische Gewürzmonopol. Ein kunstvolles schmiedeeisernes Tor ziert den Eingang in Richtung Innenstadt. Das weiße Tor war ein Geschenk des Franzosen François Liénard de la Mivoie, ein handwerklich einzigartiges Exemplar, das 1862 eigens nach London geschafft und dort auf der Weltausstellung ausgezeichnet wurde (tgl. 8.30 bis 17.30 Uhr).

Da die Pflanzen nicht gut gekennzeichnet sind, ist eine geführte tour zu empfehlen. An den Eingängen warten Führer mit Lizenz, die Preise sind festgesetzt.

ZUCKERRAFFINERIE BEAU PLAN

Auf dem nahen Gelände der einstigen Zuckerfabrik erhält man im modernen, interaktiven Museum

---

MAURITIUS / RÉUNION GRATIS

- Ab einem 5-tägigen Aufenthalt im Rahmen einer Hochzeitsreise logiert die Braut in den Hotels der Sun-Resort-Gruppe kostenfrei. Der Bräutigam zahlt dann nur den Single-Tarif, so z. B. im Hotel La Pirogue › S. 98.
- Ein Besuch in der sehr sehenswerten Verkaufsausstellung mit Schiffsmodellen der Manufaktur **Historic Marine** in Goodlands (Mauritius) ist gratis › S. 78.
- Noch mehr Schiffe kann man bei freiem Eintritt im **Marinemuseum** in Mahébourg (Mauritius) bewundern › S. 91.
- Auf Réunion liegt das Gratisheft **RUNGuide** mit Besprechungen der Inselrestaurants bei den Touristeninformationen aus, oder man lädt sich eine kostenlose App gleichen Inhalts im Internet herunter (itunes.apple.com/de/app/restaurant-ile-de-la-reunion/id893595795?mt=8).

L'Aventure du Sucre einen guten Eindruck von der Verarbeitung des für Mauritius so typischen Zuckerrohrs (www.aventuredusucre.com/fr, tgl. 9–17 Uhr).

RESTAURANT

La Table du Château €€€
Vorzügliches Restaurant in dem wundervoll renovierten kreolischen Herrenhaus »Labourdonnais, un chateau dans la nature« mit antik möblierten Räumen inmitten eines riesigen Gartens. Beim Gang durch die Anlage kann man exotische Pflanzen, ein paar Schildkröten und eine kleine Rumdistillerie entdecken. Das Anwesen überzeugt ebenso wie die Küche.
• Intendances Alley | Labourdonnais
  Tel. 266-7172
  http://tableduchateau.restaurant.mu

BELLE MARE PLAGE 14 ◾ F5

Der kilometerlange Bilderbuchstrand von Belle Mare hat diesen Küstenabschnitt bis Poste de Flacq im Norden bekannt gemacht. Der Sand ist an dieser Küste besonders fein und weiß, das Meer leuchtet türkis, und die vielen Filao-Bäume bieten Schatten. Hier haben sich etliche Hotelanlagen der mittleren bis hin zur Luxus-Kategorie angesiedelt. Von einem zum Aussichtsturm umfunktionierten Schornstein eines ehemaligen Kalkofens genießt man einen schönen Blick über die Küste. Die Ortschaft selbst besteht nur aus ein paar verstreuten Häusern mit Polizeistation, kleinen Boutiquen, Ruinen einer Zucker-

rohrfabrik und einem Hindutempel. Entlang der Küstenstraße pflanzen viele Kleinbauern Nutzpflanzen an, im Hinterland dominieren schier endlose Zuckerrohrfelder.

Passionierte Golfer zieht es zu den beiden attraktiven 18-Loch-Championship-Golfplätzen des Hotels Constance Belle Mare Plage die in Fachkreisen einen ausgezeichneten Ruf genießen.

HOTELS

**Constance Belle Mare Plage
Golf Hotel & Resort** €€€
276 geschmackvoll eingerichtete Zimmer, Suiten und Villen; tolles Spa. › **mehr S. 12** Punkt ❸
• Poste de Flacq | Belle Mare Plage
  Tel. 402-2600
  www.constancehotels.com

Constance Le Prince Maurice €€€
5-Sterne-Resort mit Bungalows und Villas in einer tropischen Gartenanlage. Toller Service, exquisites Spa.
• Choisy Rd. | Poste de Flacq
  Belle Mare Plage | Tel. 402-3636
  www.princemaurice.com

LUX* Belle Mare €€€
Tolles Luxushotel mit großer Poollandschaft, romantischen Villas und Suiten, Spa, mehreren Restaurants und exquisitem Service.
• Belle Mare Plage | Tel. 402-2000
  www.luxresorts.com

One & Only Le Saint Géran Spa & Golf Club €€€
Sportlich-elegantes First-Class-Hotel in tropischer Parkanlage auf einer Halbinsel. Golfklub, Kasino, Spa.

• Poste de Flacq | Belle Mare Plage
Tel. 401-1668
www.oneandonlyresorts.com

The Residence €€€
Mit Antiquitäten und Edelhölzern ausgestattetes Luxushotel im Kolonialstil. Suiten mit Butler, herrlicher Strand, Wassersport und schönes Spa.
• Coastal Rd. | Belle Mare Plage
Tel. 401-8888 | www.cenizaro.com/theresidence/mauritius

TROU D'EAU DOUCE 15 ■ F5

Der traditionelle Fischerort Trou d'Eau Douce erhielt seinen Namen (Süßwasserloch) wegen eines kleinen Meeresbeckens, das vom Süßwasser eines Unterwasserflusses gespeist wird. Gegenüber der Postkarteninsel Île aux Cerfs gelegen, steht der charmante Küstenort seit Jahren im Schatten dieser Touristenattraktion. Mit den vielen bunten Fischerbooten, die in der Bucht schaukeln, versprüht er ein typisch kreolisches Flair. Es gibt ein paar kleine Geschäfte, inseltypische Restaurants und eine sehenswerte alte Steinkirche mit blauen Fenstern. Einige Privathäuser vermieten einfache Zimmer oder günstige Ferienwohnungen. Vom Hafen fahren öffentliche Fähren zur Île aux Cerfs und zur Nachbarinsel Île de l'Est ab.

HOTEL
Shangri-La's Le Touessrok €€€
Romantisches Hotel der Spitzenklasse vis-à-vis der Île aux Cerfs. Givenchy-Spa,

18-Loch-Golfplatz auf der Île aux Cerfs, Restaurants, Bars, Wassersport, toller Kinderclub.
• Trou d'Eau Douce
Tel. 402-7400 | www.shangri-la.com/mauritius/shangrila/

BEAU CHAMP 16 ■ C8

In Beau Champ steht eine der ältesten Zuckerraffinerien von Mauritius. In den letzten Jahren entstanden hier exklusive Privatvillen, ein 18-Loch-Golfplatz und ein exzellentes Gourmetrestaurant mit einer neuen Mole, an der Boote zur Île aux Cerfs ablegen.

HOTEL
Four Seasons Resort at Anahita €€€
Luxuriöses Golfresort mit 136 Villen, teilweise über dem Wasser und auf einer Insel, mit einigen Restaurants, Spa und Wassersportangebot.
• Coastal Rd. | Beau Champ
Tel. 402-3100 | www.fourseasons.com/de/mauritius

ÎLE AUX CERFS 17 ■ F6

Auf dieser Insel kann man im türkisgrünen Wasser baden und unter Filaos am weißsandigen Strand entspannen. Das Hotel Shangri-La's Le Touessrok unterhält dort Restaurants, ein Wassersportzentrum und einen 18-Loch-Golfplatz. Gäste des Hauses können in hoteleigenen Fähren zwischen Insel und Festland hin- und herpendeln (Fahrtdauer etwa 15 Min.), öffentliche Fähren verkehren ab dem Hafen in Trou d'Eau Douce.

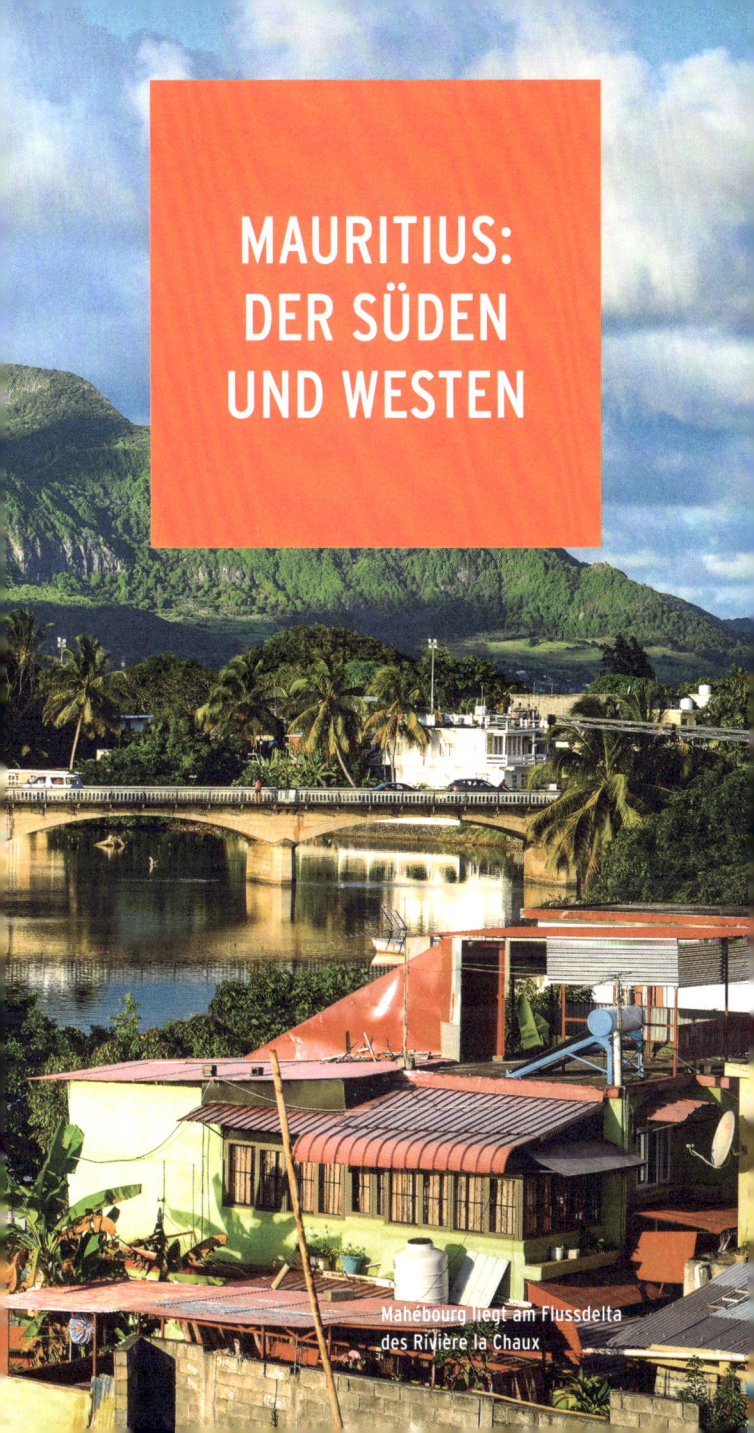

MAURITIUS: DER SÜDEN UND WESTEN

Mahébourg liegt am Flussdelta des Rivière la Chaux

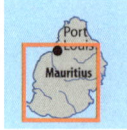

Fantastische Naturkulisse, Einsamkeit, dichte Vegetation, gewaltige Wellen – die Südküste steckt voller Extreme. Das Städtchen Mahébourg verströmt mit seinen Händlern und Boutiquen das besondere Mauritiusflair.

Etwas südlich vom alten Kolonialstädtchen Mahébourg liegt die tiefblaue Blue Bay mit dem beeindruckendsten Unterwasserpark der Insel. Die vorgelagerte Île aux Aigrettes ist ein Naturschutzgebiet. Hier bemüht sich ein Forscherteam darum, die ursprüngliche mauritische Vegetation auf kleinem Raum wiederherzustellen.

An der malerischen, aber raueren **Südküste** zwischen Rivière des Anguilles und Baie du Cap wohnen hauptsächlich Kreolen. Die Gegend war einst Zufluchtsort für entlaufene Sklaven, deren Nachfahren hier bis heute Landwirtschaft und Fischerei betreiben. Die verstreuten Sandbuchten sind für Badevergnügen zu gefährlich. Kein vorgelagertes Riff bremst die Kraft der Wellen, die hier mit ihrer Naturgewalt an den Strand oder auf die Felsenküste aus Lavagestein rollen. Trotzdem entstanden in Richtung Westen Hotels und Golfplätze. In den kleinen Fischerdörfern gibt es aber kaum mehr als ein Postamt, eine Boutique, eine Kirche, einen Tempel und vielleicht eine Schule.

Naturliebhaber werden vor allem vom La Vanille Réserve des Mascareignes und den Rochester Falls begeistert sein, recht unzugängliche Gebiete, in denen einheimische Pflanzen überleben konnten.

An den Stränden der **Südwestküste** sorgt das vorgelagerte Korallenriff für ungetrübte Badefreuden. Die Gegend rund um Flic en Flac ist wegen ihres breiten Sandstrandes, des großen Sportangebots und regen Nachtlebens sowie der familienfreundlichen Ferienanlagen sehr beliebt. Weiter südlich, um Tamarin, Grand Rivière Noire und Case Noyale wird es ruhiger, hier liegen Villen und Winterresidenzen reicher Mauritier neben einfachen Häuschen kreolischer Fischer.

Im Indischen Ozean nahe Blue Bay

Die markante Halbinsel mit dem 556 m hoch aufragenden Morne Brabant (Weltkulturerbe seit 2008) ist ein abgelegenes Traumziel mit herrlichen Stränden und wunderschönen Hotelanlagen.

Natur pur bietet der Nationalpark Gorges de la Rivière Noire im Hinterland, eines der letzten unbelassenen Naturgebiete der Insel. Hier finden seltene Pflanzen und Tiere wie der Mauritius-Turmfalke und die Rosa Taube eine Zufluchtsstätte und können mit ein wenig Glück auf Wanderungen auch beobachtet werden.

TOUREN IN DER REGION

WO DER HOCHLANDTEE WÄCHST

ROUTE: Mahébourg › Bois Chéri › Grand Bassin › Le Pétrin › Mare aux Vacoas › Curepipe › Mahébourg

KARTE: Seite 88
LÄNGE: 1 Tag
PRAKTISCHE HINWEISE:
Die Tour verläuft auf vielen Seitenstraßen, es empfiehlt sich ein Wagen mit ortskundigem Fahrer.

TOUR-START:

Von **Mahébourg** **1** › S. 91 folgt man der Schnellstraße in Richtung Curepipe bis zur Abfahrt nach La Flora/Grand Bois. Durch diese beiden Orte führt eine schmale Nebenstraße in den Ort **Bois Chéri,** um den sich weite Teeplantagen erstrecken. Die Fabrik am Ortsrand inmitten der Felder ist auf Besucher eingestellt: Ein Museum erzählt die Geschichte des Teeanbaus auf der Insel; während eines Rundgangs erläutern Mitarbeiter den langwierigen Prozess der Teeproduktion.

Westlich der Teeplantagen liegt das berühmte **Grand Bassin,** ein Kratersee, den die Hindus in Mauritius als heiligen Ort verehren. Sie nennen ihn Ganga Talao. Tempel und Schreine umgeben den See, und das ganze Jahr hindurch kommen Gläubige, um zu beten, Wasser für rituelle Reinigungszeremonien zu schöpfen und Gott Shiva Blumenopfer darzubringen. › mehr S. 15 Punkt **27** Im Feb./März feiern sie hier **Maha Shivaratree,** das größte Hindufest außerhalb Indiens.

Einige Kilometer weiter nördlich liegt der größte Binnensee der Insel, der **Mare aux Vacoas.** Er ist einer der wichtigsten Süßwasserreservoirs. Weiter geht es über schmale Straßen bis in die Außenbezirke von **Curepipe** › S. 68, wo noch Gelegenheit für einen Einkaufsbummel besteht. Von hier führt die vierspurige Schnellstraße zurück nach Mahébourg.

TOUR 4

DURCH DEN WILDEN SÜDEN

ROUTE: Mahébourg › Le Souffleur › Rivière des Anguilles › Rochester Falls › Le Morne Brabant

KARTE: Seite 88
LÄNGE: 1 Tag, 62 km
PRAKTISCHE HINWEISE:
Die Strecke ist sehr kurvig. Fahren Sie besonders vorsichtig, da Tiere auf der Straße sein können.

TOUR-START:
Von **Mahébourg** 1 › S. 91 geht es vorbei am Flughafen Plaisance und über Plaine Magnien nach **Saint Aubin** › S. 93, dem Sitz eines herrschaftlichen Kolonialhauses, das besichtigt werden kann.

In L'Escalier zweigt eine schmale, steinige Zufahrt an die Küste nach **Le Souffleur** ab. Hier lernt man den Indischen Ozean von seiner wilden Seite kennen: Keine Korallenbank bricht vor der Küste die Kraft der Wellen, die mit hoch aufschäumender Gischt auf die schwarzen Lavafelsen schlagen – ein fast unheimlich wirkender Ort, an dem die Regierung nach etlichen Todesfällen einen Holzzaun ziehen ließ,

TOUREN AUF MAURITIUS

TOUR 3

WO DER HOCHLANDTEE WÄCHST

Mahébourg › Bois Chéri › Grand Bassin › Le Pétrin › Mare aux Vacoas › Curepipe › Mahébourg

TOUR 4

DURCH DEN WILDEN SÜDEN

Mahébourg › Le Souffleur › Rivière des Anguilles › Rochester Falls › Le Morne Brabant

TOUR 5

NATUR PUR IM SÜDWESTEN

Flic en Flac › Grande Rivière Noire › Chamarel › PN Gorges de la Rivière Noire › Quatre Bornes › Flic en Flac

der Besucher vor der Reichweite der Brandung schützt (festes Schuhwerk ist empfehlenswert).

Im **La Vanille Naturepark** 5 ▷ S. 94 bei Rivière des Anguilles werden zu kommerziellen Zwecken madagassische Krokodile gezüchtet; im Restaurant kann man das Fleisch probieren. Hohe Klippen ragen am Aussichtspunkt **Cap Gris Gris** aus dem Indischen Ozean. Strömungen und große Wellen machen das Baden lebensgefährlich, aber der Blick auf die wilde Steilküste ist atemberaubend. Von Surinam aus führt ein Fußweg (30 Min.) durch Zuckerrohrfelder zu den **Rochester Falls**, bis auf ca. 20 m kann man auch mit dem Auto heran-

fahren. 15 m stürzt das Wasser über Basaltsäulen hinab, die wie Orgelpfeifen aussehen. Einheimische Jugendliche führen gegen Trinkgeld spektakuläre Hechtsprünge ins Wasserbecken vor.

Am beliebten Strand von **Riambel** 6 ▷ S. 94 entstanden mehrere luxuriöse Hotelanlagen mit Golfplätzen und moderner Ausstattung. Hier beginnt ein sehr malerischer Küstenabschnitt mit sandigen Buchten, der über Bel Ombre bis zum Le Morne Brabant, dem mächtigen Felsen im äußersten Südwesten, reicht. Wegen des strandnahen Riffs und der unberechenbaren Strömungen ist diese Küste zum Baden ungeeignet.

Ein Gedenkstein am Strand von **Pointe aux Roches** erinnert an den Passagierdampfer *Trevessa,* der 1923 auf dem Weg von Australien nach Mauritius havarierte. Nach wochenlanger Irrfahrt landeten hier 16 Überlebende im Rettungsboot. Rund um den **Morne Brabant** **7** › S. 94 liegen Strände, an denen sich einige der schönsten Hotels von Mauritius angesiedelt haben.

NATUR PUR IM SÜDWESTEN

ROUTE: Flic en Flac › Grande Rivière Noire › Chamarel › PN Gorges de la Rivière Noire › Quatre Bornes › Flic en Flac

KARTE: Seite 88
LÄNGE: 1 Tag, 77 km
PRAKTISCHE HINWEISE:
Die Strecke ist sehr kurvig. Fahren Sie besonders vorsichtig, da Tiere die Straße queren.

TOUR-START:

Die Tagesfahrt von Flic en Flac auf das Hochplateau führt durch den landschaftlich abwechslungsreichsten Teil von Mauritius. Naturdenkmale weisen auf den vulkanischen Ursprung der Insel hin. Kraterseen, in Regenbogenfarben leuchtende Lava und die letzten Ebenholzbäume im Nationalpark Gorges de la

Rivière Noire faszinieren Naturliebhaber. Eine Wanderung auf den Gipfel des Piton de la Rivière Noire oder durch die Schlucht des gleichnamigen Flusses hinunter zur Küste fordert Sportliche heraus.

Von **Flic en Flac** **12** › S. 97 folgen Sie der Nationalstraße nach Süden, vorbei am Park **Casela World of Adventures** **13** › S. 98 und durch die am Meer liegende Ortschaft **Tamarin** **14** › S. 98. Ab Grand Case Noyale geht es hinauf in den Ort **Chamarel** **8** › S. 95 mit großartigen Ausblicken und sehr empfehlenswerten Terrassenrestaurants.

Ein Abstecher führt von hier zum **Chamarel-Wasserfall** sowie zur **Terre des Couleurs** **9** (farbige Erde) › S. 96. Zurück in Chamarel folgen Sie nun der schmalen Straße in Richtung Plaine Champagne. Unterwegs passieren Sie immer wieder Aussichtspunkte auf Wasserfälle und in die Schluchten des **Nationalparks Gorges de la Rivière Noire** **10** › S. 96.

An der Straße beginnt auch der schmale, aber recht leicht zu begehende Pfad auf den 828 m hohen **Piton de la Rivière Noire** (3–4 Std. für Hin- und Rückweg), den höchsten Berg von Mauritius.

In **Le Pétrin** **11** folgt man der Straße nach Vacoas, vorbei am bewaldeten Süßwasserreservoir Mare aux Vacoas und durch das Dorf La Marie. Weiter geht es durch die Stadt Vacoas nach **Quatre Bornes** › S. 68, wo eine Abkürzung nach Westen durch Zuckerrohrfelder sowie über Palma und Beau Songe direkt nach Flic en Flac führt.

UNTERWEGS IM SÜDEN UND WESTEN

MAHÉBOURG **1** ▮ E7

Mahébourg liegt an einer atemberaubend türkisfarbenen Lagune, die sich im Süden bis zur Blue Bay erstreckt, an die einige schöne Ferienanlagen entstanden sind. Die 1806 gegründete Stadt wurde nach dem französischen Gouverneur Mahé de Labourdonnais benannt.

Sie hat sich ihre inseltypische Atmosphäre bewahrt. Im Stadtkern fühlt man sich als Teil der bunten Menschenmenge, besonders am Montagvormittag zieht es Händler und Käufer auf den bunten Wochenmarkt. In den **Markthallen** gegenüber dem Busbahnhof kann man jeden Tag frisches Obst, Gemüse und Fisch sowie schöne Korbwaren kaufen; rund um den Markt bieten Imbissstände viele kleine Köstlichkeiten an.

In der Rue du Souffleur liegt das große Gotteshaus **Cathédrale Notre-Dame-des-Anges,** hinter der sich die einfache Pension Notre Dame verbirgt. Daneben, an der Mahébourg Road, steht eine **Moschee.** Von ihrem Minarett erklingt mehrfach täglich der Gesang des Muezzins.

In Richtung Flughafen befindet sich auf der rechten Seite in einem großen Park das neuerdings zuweilen National History Museum genannte **Marinemuseum.** Ein Besuch der in einem Kolonialgebäude von 1771 untergebrachten Ausstellung ist sehr lohnend. Gezeigt werden alte Seekarten sowie Überbleibsel aus Wracks, z.B. die Schiffsglocke des bekannten Schiffes *Saint Géran.* In den Außengebäuden stehen zwei historische Kutschen; ein Souvenirgeschäft verkauft Kunsthandwerk (*Musée historique et naval de Mahébourg,* Tel. 631-9329, www.mauritiusmuseums.mu, Mo, Mi–Sa 9–16, So 9 bis 12 Uhr, Eintritt frei).

MÄRKTE AUF MAURITIUS

- In **Mahébourg** findet montags entlang der Hafenfront ein pittoresker Wochenmarkt statt, von den Einheimischen wird er *foire* genannt. Wer nicht montags in Mahébourg ist, kann auch in den Markthallen einkaufen, das Angebot an frischem Obst und Gemüse ist groß. **> links**
- Auf dem Kleidermarkt in **Quatre Bornes** kann man sich sonntags und donnerstags u. a. mit luftigen Kleidern und Hemden ausstatten. **> S. 68**
- Bäuerlich geht es auf dem samstäglichen Markt in **Mathurin** **> S. 103** zu. Nur wer früh kommt, kann gut einkaufen: Um 10 Uhr bauen viele Stände wieder ab.

Durch die nahen Berge ist der Naturpark Le Val stets von Wasserläufen durchzogen

NATURPARK LE VAL 2 E7

In Mahébourg zweigt ca. 1 km landeinwärts nach dem Museum die Straße nach Riche en Eau ab. Durch Zuckerrohrfelder und Ananasplantagen, an der Zuckerfabrik von Riche en Eau vorbei, führt sie hinauf ins Bergland zum kleinen Naturpark von Le Val. In dem Tal wachsen noch einzelne Baumfarne. Auf einem Spaziergang passiert man Käfige, in denen Affen turnen; Teiche dienen der Zucht von Garnelen und Karpfen. Kinder können sich auf dem Spielplatz vergnügen (tgl. 9–17 Uhr).

RESTAURANT

Les Copains d'Abord €€€

Wunderschön gelegenes Restaurant an der Uferpromenade von Mahébourg mit Blick aufs türkisfarbene Meer. Mauritische Küche und Spezialitäten aus dem Meer.
• Mahébourg | Tel. 631-9728
tgl. mittags und abends

BLUE BAY 3 E7

Südlich von Mahébourg führt die Küstenstraße durch Marsch- und Mangrovenland zur Blue Bay. Die Bucht sowie die Gewässer um die vorgelagerte Île aux Aigrettes sind für ihre intakte Unterwasserwelt und farbenfrohen Korallengärten bekannt. Die Insel steht unter Naturschutz und wird von der Mauritian Wildlife Foundation (MWF) verwaltet. Auf ihr findet man noch seltene Pflanzen des einheimischen Küstenwaldes und rare Vogelarten wie die Rosa Mauritiustaube vor. Die Mitarbeiter bieten sehr interessante geführte Touren über die Insel an (Tel. 631-2396, www.mauritian-wildlife.org, tgl. 9–16 Uhr), Boote starten zwischen 9.30 und 14 Uhr ab Mahébourg. Etwas störend wirkt sich der gelegentliche Fluglärm vom nahe gelegenen Flughafen aus.

HOTELS

Shandrani €€€
Geräumige Zimmer allesamt mit Meerblick; All-inclusive-Konzept, Clarins-Spa, Spitzengastronomie mit Büfett und Mahlzeiten à la carte, 9-Loch-Golfplatz.
• Blue Bay | Tel. 603-4343
  www.beachcomber-hotels.com/en/hotel/shandrani-resort-spa

Preskil Island Resort €€–€€€
Familienfreundliches Mittelklassehotel in Toplage an einem noch ursprünglichen Küstenabschnitt. Kinderbetreuung, großes Sportangebot, Spa.
• Pointe Jérôme | Tel. 604-1000
  www.southerncrosshotels.mu/preskil-beach-resort

AKTIVITÄTEN

Katamarantouren von Blue Bay zur Île aux Cerfs bieten **Croisières Australes** (Tel. 202-6660, www.croisieres-australes.com) sowie **Croisières Turquoises** (Tel. 631-1640, www.croisieres-turquoise.com) an. **Tam**

Tam Travel & Tours (Tel. 686-5805, www.tamtamtours.com) an der Pointe d'Esny offeriert eine Palette von Ausflügen.

LE SAINT AUBIN `4`   D8

Bei Rivière des Anguilles liegt das Herrenhaus einer einstigen Zuckerrohrplantage **Le Saint Aubin** mit einem kreolischen Restaurant (€€, die Anlage gehört zur Route du Thé,

---

👍

ERSTKLASSIGE STRÄNDE

• **Trou aux Biches Plage** 📘 D3
  Lang gestreckter pulvriger Sandstrand mit toller Lagune und wunderschönen Sonnenuntergängen (Mauritius). › S. 76
• **La Cuvette** 📘 D3
  Die charmante Sandbucht bei Grand Baie gilt unter Kennern als Geheimtipp (Mauritius). › S. 79
• **Belle Mare Plage** 📘 F5
  Hier kann man kilometerweit laufen und in der Lagune gefahrlos planschen (Mauritius). › S.83
• **Le Morne Brabant** 📘 B7/8
  Eine frische Brise lockt Wassersportler und Badenixen gleichermaßen an den breiten Sandstrand (Mauritius). › S. 94
• **Boucan Canot** 📘 a2
  Der In-Strand mit schönem Korallengarten und buntem Publikum (Réunion). › S. 119
• **Étang-Salé-les-Bains** 📘 b5
  Schwarzer, feinster Lavasandstrand und herrliche Wellen, viele Einheimische (Réunion). › S. 124

Tel. 626-1513, www.saintaubin.mu, Mo–Sa 9 bis 17 Uhr).

LA VANILLE 5 ▮ D8

An einer Nebenstraße weiter südlich weisen Schilder inmitten eines Naturreservats zum **La Vanille Naturepark**. In den Gehegen des tropischen Gartens leben Tausende Krokodile sowie Riesenschildkröten, Affen, Leguane und Wildschweine (www.lavanille-naturepark.com, tgl. 8.30–17 Uhr). Das Restaurant serviert hauseigene Erzeugnisse, kreolische Spezialitäten und und das Fleisch der zu kommerziellen Zwecken aufgezogenen Krokodile.

RIAMBEL 6 ▮ C8

Das westlich an Souillac angrenzende Riambel besitzt einen hübschen, natürlichen Hafen an der Mündung des Baches Rau Patates, zu dem ein Abstecher lohnt. Hier schaukeln viele Fischerboote und Pirogen im Wasser und geben ein malerisches Bild ab; daneben liegt das gemütliche Restaurant **Le Batelage.** Westlich von Souillac schützt erneut ein vorgelagertes Riff die Küste. Oft sind die Strände sehr felsig und zum Baden ungeeignet, trotzdem entstanden hier in den letzten Jahren einige schöne Hotels der Heritage Resorts, die sich vor allem auf Wellness spezialisiert haben.

HOTEL

Shanti Maurice €€€
Wellnessresort in tropischer Gartenanlage mit umfassendem Spa-Angebot, geräumi-

gen Suiten und Villas sowie tollem Essen (auch Ayurveda).
• Riambel | Tel. 603-7200
www.shantimaurice.com

LE MORNE BRABANT 7 ▮ B7/8

Der westlich der Hauptroute gelegene Berg (556 m) ist ein Ausläufer des Kapgebirges und bildet eine markante Halbinsel. Am herrlichen Strand zu Füßen des massigen Felsens hat sich eine exklusive Ferienzone mit Hotels, Golfplatz und Reitpferden entwickelt. Die Besteigung des Morne Brabant ist nur mit einem Führer möglich. Entlaufene Sklaven versteckten sich einst in den schwer zugänglichen Höhen des Morne und glaubten, in uniformierten Boten ihre Häscher zu erkennen. Aus Verzweiflung sprangen viele ins Meer. Die Boten aber sollten das Ende der Sklaverei verkünden. 2008 erkannte die UNESCO den Berg als Weltkulturerbe an.
> mehr S. 12 Punkt ❷

HOTELS

Le Paradis Hotel & Golfclub und Dinarobin Hotel €€€
Schön gelegene, luxuriöse Anlagen, die zu den Beachcomber-Hotels gehören. Luxus pur: elegant eingerichtete Zimmer, exzellenter Service, Gourmetrestaurant, Spa, 18-Loch-Golfplatz, breites Sportangebot und Kasino. War 2017 zentraler Drehort der TV-Produktion »Die Inselärztin«.
• Le Morne | Tel. 401-5050
www.beachcomber-hotels.com/de/hotel/paradis-golf-resort-spa

LUX* Le Morne €€€
Renoviertes, im Kolonialstil gehaltenes Bungalowhotel im Windschatten des Berges mit drei Restaurants, Cocktailbar, Spa und Ladenzeile. Breites Sportangebot, toller Badestrand.
- Le Morne | Tel. 401-4000
  www.luxresorts.com

RESTAURANT
Face à la Mer
Gelb-weißes kreolisches Gästehaus, dessen vorzügliches Restaurant sehr leckere Fisch- und Seafoodgerichte auf mauritische Art zubereitet.
- Le Morne | Tel. 451-5598
  www.facealamer.mu | Mo geschl.

CHAMAREL 8 ▮ B7

In Grand Case Noyale zweigt eine Straße von der Küste ins Landesinnere ab und windet sich in vielen Kurven hinauf in den Ort Chamarel. Hier befinden sich wunderschöne Terrassenrestaurants mit fabelhafter Aussicht auf die Südwestküste.

Die kleine Kirche **Ste-Anne** von Chamarel wird jedes Jahr am 15. August (Mariä Himmelfahrt) zum Wallfahrtsort gläubiger Katholiken. An den bunten Ständen rund um das Gotteshaus sind Gebäck und Getränke im Angebot, rasch kommt Volksfeststimmung auf.

An der Abbruchkante fällt der Chamarel-Wasserfall über 100 m in die Tiefe

In der Umgebung gibt es auch einen Abenteuerpark mit Baumwipfelpfad und Kletterpark sowie die **Rhumerie de Chamarel,** eine kleine Rumdestillerie, die Führungen und Verköstigungen durchführt sowie ein gutes Restaurant betreibt (Royal Rd., Chamarel, Tel. 483-4980, www. rhumeriedechamarel.com).

RESTAURANTS

Le Chamarel €€
Großes Open-Air-Restaurant, das ausgezeichneten, vor Ort angebauten Kaffee serviert.
• La Crete | Chamarel
  Tel. 483-4421
  le-chamarel.restaurant.mu
  Tgl. 12–15 Uhr (abends nur Gruppen).

Varangue sur Morne €€
Delikates Essen (Tipp: Wildschweincurry), das auf großen Terrassen mit herrlichem Ausblick serviert wird.
• Route Plaine Champagne | Tel. 483-6610
  http://varangue-surmorne.restaurant.mu
  tgl. 7–19 Uhr

TERRES DES COULEURS 9 6 B7

Südwestlich des Ortes erreicht man auf der Straße Richtung Baie du Cap die Abzweigung zur Terre des Couleurs. An einer kleinen Kaffeeplantage vorbei gelangt man zunächst zum **Chamarel-Wasserfall,** der ca. 100 m tief in ein grün bewachsenes, natürliches Bassin stürzt. Am Ende des Weges steht man unvermittelt vor einem Naturphänomen, den Terres des Couleurs (farbige Erde).

Wellenförmig steigt der poröse, kahle Boden an. Rosa-, Purpur- und Brauntöne leuchten in verschiedenen Nuancen nebeneinander, kein Regen wäscht die Farben ab. Obwohl wissenschaftlich noch nicht eindeutig geklärt, vermutet man, dass die Farbtöne auf die Oxidation von Mineralien zurückzuführen sind (tgl. 6–18 Uhr).

NATIONALPARK GORGES DE LA RIVIÈRE NOIRE 10 B–D7/8

Der sehenswerte Nationalpark umfasst eine Fläche von 6500 ha und lässt sich sehr gut zu Fuß erkunden. Von **Le Pétrin** 11 C7 mit kleinem Infozentrum und Picknickanlagen führt ein breiter Weg durch den Wald von Macchabée bis zu einem Aussichtspunkt (7 km hin und zurück); Geübte können noch weiter hinunter in die zentral gelegene Schlucht wandern (15 km). Eine Übersichtskarte mit den Wanderwegen ist in Le Pétrin erhältlich.

Neben den unterschiedlichsten Bambusarten mit ihrem filigranen Grün wachsen in den Wäldern wilde Erdbeer-Guaven, deren kleine, dunkelrote, vitaminreiche Früchte bei den Einheimischen sehr beliebt sind und roh gegessen oder scharf gewürzt zu Chutney eingekocht werden. Palmen, Bananenstauden und immer wieder Fächerpalmen, die in ihren Blättern Wasser speichern, fallen in dem dichten Grün auf. Hin und wieder zeigen sich auch ein paar Affen, die allerdings

Von Flic en Flac kann man fast durchgehend am Strand entlang bis ins südlich gelegene Tamarin wandern

bissig sein können. Mit etwas Glück entdeckt man sogar Mauritius-Sittiche, Mauritius-Turmfalken und Rosa Tauben. Eine Ausstellung im Infozentrum erklärt die Flora und Fauna des Nationalparks.

FLIC EN FLAC 12 📖 B6

Der kleine, ruhige Ort mit seinem langen weißen Sandstrand wurde schon vor rund 30 Jahren für den Tourismus erschlossen und ist am Wochenende ein beliebtes Ziel der Mauritier. Die Hotelanlagen reichen immer weiter nach Süden bis in den Ortsteil Wolmar, auch viele Restaurants sind entstanden.

HOTELS

Hilton Resort €€€
Stilvolles Luxushotel im südlichen Nachbarort mit bestem Service. Schöne Poollandschaft, Spa, vier Restaurants, Kids Club, Mini-Putting-Green.
• Wolmar
  Tel. 403-1000
  www.hiltonhotels.de/mauritius

Maradivas Villas Resort & Spa €€€
Riesige Villen (einige direkt am Strand) mit privaten Pools, riesige Badezimmer mit zusätzlichen Outdoor-Duschen und frische jugendliche Atmosphäre machen dieses Nobelresort zu einer beliebten Adresse für flitternde Pärchen. Butler-Service rund um die Uhr, edles Spa, dazu ein großes

Wassersportangebot. Die zwei Restaurants mit panasiatischer bzw. mediterraner Küche sind exzellent.

- Wolmar | Flic en Flac
  Tel. 403 1500 | www.maradiva.com

La Pirogue Hotel €€€

Sehr beliebtes, familienfreundliches Bungalowhotel direkt am Strand. Guter Service, buntes Unterhaltungsprogramm, Miniklub, Kasino.

- Flic en Flac | Tel. 403-3900
  www.lapirogue.com

Villas Caroline €€

Kleines, gut geführtes Mittelklassehotel mit All-Inclusive-Option direkt am Strand, internationales Restaurant und Tauchbasis unter deutscher Leitung.

- Flic en Flac | Tel. 453-8411
  www.villa-caroline-hotel-mauritius.mu

Escale Vacances €

Einfache Ferienwohnungen für Selbstversorger mit Schlafzimmer, Kochnische, Salon und Dusche. Pool vorhanden.

- Coastal Road | Flic en Flac
  Tel. 453-9389
  www.fftourist.com

AUSFLUG
CASELA WORLD OF ADVENTURES 13 ⬛ B/C6

Der Tier- und Abenteuerpark hat sich aus einem reinen Vogelzoo zu einem riesigen Freizeitpark entwickelt. Neben über 1500 bunt gefiederten Vogelarten, wie z. B. die Rosa Taube, gibt es Riesenschildkröten, einen Streichelzoo, einen Garten mit endemischen Pflanzen und ein Restaurant. Zahlreiche Aktivitäten können hinzugebucht werden, so eine Fahrt durch den afrikanischen Safaripark, eine Begegnung mit Tiger, Löwe und anderen Großkatzen, ferner Quad- oder Segway-Touren, Abseil- und Zipline-Abenteuertouren. Affen, Strauße, Antilopen und Zebras bevölkern neben vielen weiteren kleineren Arten das weitläufige Gelände, das außerhalb des Kerngebiets des Parks liegt.

Für die beliebten Zusatzaktivitäten wird dringend eine Vorausbuchung empfohlen (Cascavelle, Tel. 401 6500, www.caselapark.com, tgl. 9–17/18 Uhr).

TAMARIN 14 ⬛ B6

Die Bucht von **Tamarin** ist unter Surfern sehr beliebt. Da es hier zwischen den Korallenbänken direkt vor der Mündung der Rivière Noire eine Lücke gibt, werden die Wellen nicht aufgehalten und können so die Wellenreiter ungebremst bis an die Küste tragen.

Über 500 Delfine tummeln sich in der Bucht, dementsprechend viele Anbieter von »Dolphin Watching« gibt es. Meeresbiologen beklagen allerdings, dass der Ausflugsrummel das ökologische Gleichgewicht der Delfine stört. Achten Sie daher darauf, dass Ihr Anbieter die offiziellen Bestimmungen befolgt, also seine Zertifizierung nachweisen kann, sein Boot mit gedrosselter Geschwindigkeit fährt und stets einen Mindestabstand von 50 m zu den Delfinen einhält.

Bei Tamarin, in einer der trockensten Ecken der Insel, wird aus dem stark salzhaltigen Meerwasser durch Verdunstung Salz gewonnen.

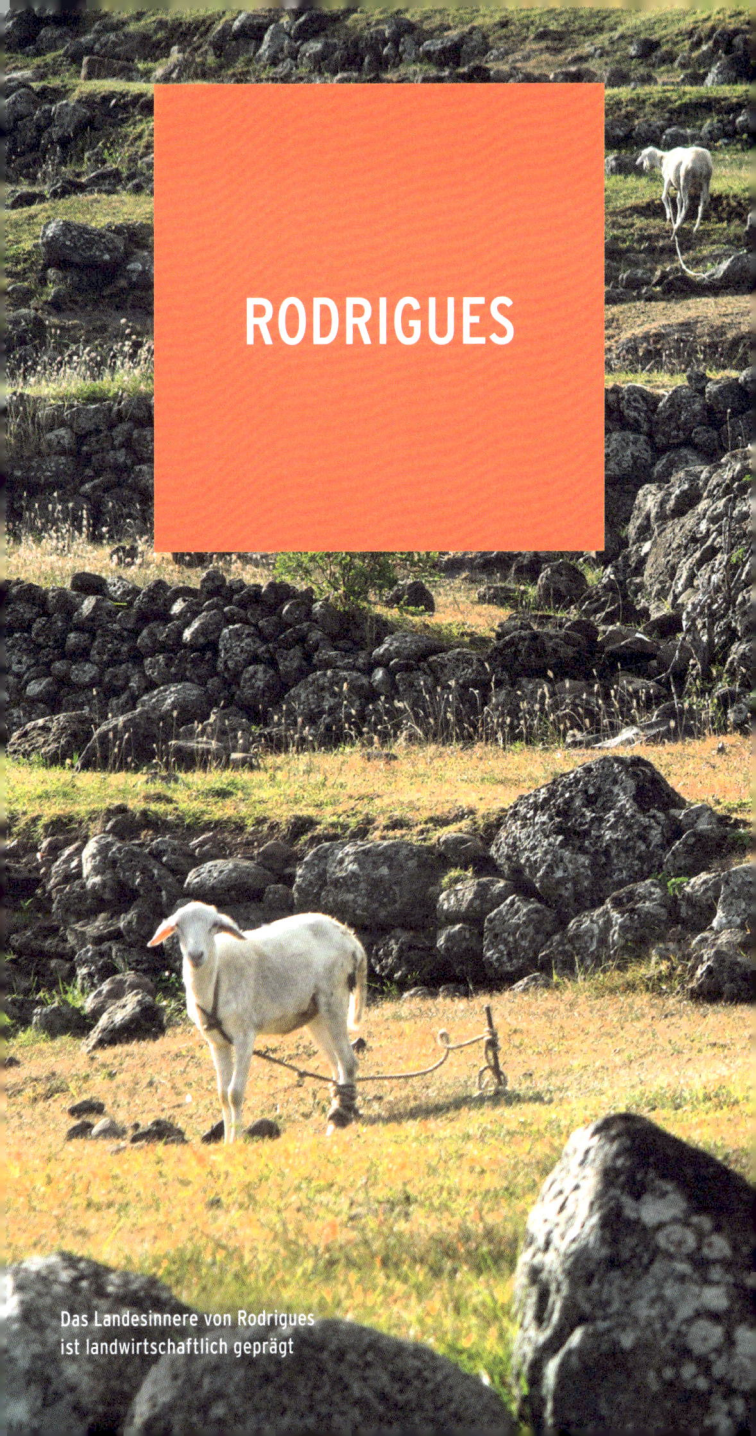

RODRIGUES

Das Landesinnere von Rodrigues
ist landwirtschaftlich geprägt

Port Mathurin
Rodrigues

Rodrigues, die kleinste Insel der Maskarenen, bietet ein Bild voller Gegensätze: Savannenartige Landstriche wechseln sich mit sattgrünen Weiden und Tälern ab. Ein Korallenriff erstreckt sich 90 km rund um die Lagune.

Sanfte Hügel, bunt geflecktes Rindvieh und Schweine auf den Wiesen, grüne Wäldchen – auf der ruhigen, ursprünglichen Insel leben Fischer und Landwirte weitab vom Massentourismus. Brauchtum ist hier noch sehr lebendig. Die 36 700 Bewohner sind überwiegend Kreolen katholischen Glaubens, wobei die dunkelhäutigeren Montagnards (Bergbewohner) vor allem Landwirtschaft betreiben, während die hellhäutigen Rouges (Roten) an der Küste vom Fischfang leben. Einige wenige Asiaten treiben Handel. Jährlich werden Rinder, Schafe, Hühner und Schweine aufgezogen. Auf den Feldern gedeihen Mais, Maniok, Zwiebeln, Süßkartoffeln, grüne Bohnen und Kartoffeln. Angesichts der geringen Niederschlagsmengen fallen die Ernten unterschiedlich aus. Täglich fahren über 10 000 Fischer auf den Ozean hinaus; vor allem Tintenfisch ist ein Exportschlager. In Baumschulen züchtet man Filaos für Wiederaufforstungsmaßnahmen, Olivenbäume sowie Akazien als Zusatzfutter für die Schafzucht. Entlang der Küste und in den Hü-

Die nur 1,5 km lange Île aux Cocos, westlich von Rodrigues, ist unbewohnt

geln liegen verstreut ein paar Häuser mit Gärten. Einsame Strände können zu Fuß oder per Mountainbike erreicht werden. Der Tourismus spielt immer noch eine untergeordnete Rolle; Familienpensionen ermöglichen es der Bevölkerung, direkt vom Besuch der Fremden zu profitieren. Auch das Kunsthandwerk wird gefördert: Holz-, Flecht- und Stickarbeiten von Rodrigues sind sehr beliebt. Die 1528 vom portugiesischen Seefahrer Rodriguez entdeckte Insel blieb zunächst unbesiedelt. Erst ab 1725 ließen sich hier französische Siedler mit ihren Sklaven nieder. Seit 1967 ist Rodrigues mauritische Provinz und wird von zwei Abgeordneten im Parlament der Mutterinsel vertreten. Verwaltet wird sie vom sogenannten Inselkommissar.

TOUREN IN DER REGION

ENTLANG DER NORDKÜSTE UND INS HÜGELLAND

ROUTE: Port Mathurin › Baie aux Huîtres › Baie du Nord › La Ferme › Baie Topaze › Plaine Mapou

KARTE: Seite 103
LÄNGE: 1 Tag
PRAKTISCHE HINWEISE:
Die ruhige Strecke ist auch für Motorradfahrer gut geeignet; unterwegs gibt es keine Tankmöglichkeit.

TOUR-START:
In westlicher Richtung führt eine Uferstraße von **Port Mathurin** **1** › S. 104 über Baie aux Huîtres in die Ortschaft La Ferme. **Baie aux Huîtres** ist ein grüner Ort mit gepflegten Häusern, die in blühenden Gärten liegen. Hier wohnen viele hellhäutige Rodriguais bretonischer Herkunft. Am Ortsausgang bei Pointe La Guele liegt das Gefängnis der Insel. Von der Küstenstraße genießt man fantastische Ausblicke auf die Buchten Baie Diamant, Baie Malgache und **Baie du Nord,** in denen bunte Fischerboote auf der blauen Oberfläche schaukeln.

Am Horizont sieht man die blütenweißen Strände der Inseln **Île aux Cocos** **8** › S. 107 und **Île aux Sables** funkeln. Bei Baie du Nord biegt die Straße in den Ort **La Ferme** ab und führt dort nach rechts über **Baie Topaze** nach **Plaine Mapou.** Hier am westlichsten Zipfel der Insel gruppieren sich felsige Inseln um die topasfarbene Bucht und Frauen fischen in der Lagune mit Metallspießen nach Tintenfisch. Diese traditionelle Fangart wird auf der ganzen Insel praktiziert. Zum Trocknen wird der Fang in der Sonne aufgespannt.

TOUR 7

ENTLANG DER SÜDKÜSTE

ROUTE: Anse Mourouk › Port Sud-Est › Tamarin › Petite Butte › Carrière de Corail › La Fouche › Caverne Patate › Plaine Corail

KARTE: Seite 103
LÄNGE: 1 Tag
PRAKTISCHE HINWEISE:
Unterwegs gibt es keine Tankstellen.

Die Küstenbewohner auf Rodriguez leben vom Fischfang

TOUR-START:

Von Paté Reyneux führt eine Straße entlang der Küste über Port Sud-Est und Rivière Cocos nach **Petite Butte**. Die hiesigen Strände eignen sich nicht zum Baden. Hinter Port Sud-Est zweigt eine kurvige Straße ab in Richtung Latanier und Mont Lubin. Ein Abstecher dorthin lohnt sich allein wegen der atemberaubenden Ausblicke auf die Südküste, in der sich die wie eine Schlange gewundene tiefblaue Schifffahrrinne La Passe von den helleren Blau- und Türkistönen der Lagune abhebt.

Nahe des Fischerdorfs Petite Butte liegt der ehemalige Korallensteinbruch **Carrière de Corail.** Hier wurden bis 2002 Ziegel aus dem aus Korallen bestehenden Grund geschlagen. Unweit davon, nur einige Hundert Meter vom Flughafen entfernt, liegt die Höhle **Caverne Patate** in einem Naturschutzgebiet. Führungen organisieren Agenturen in Port Mathurin › S. 104, ein Führer bietet auch vor Ort seine Dienste an. Der Eingangsbereich der 615 m langen und 35 m tiefen Höhle ist mit 135 Treppen versehen, von hier startet man im Schein der Taschenlampen und kann zahllose Stalagmiten und Stalagtiten bewundern. Die Caverne Patate ist eine der 25 aktiven Tropfsteinhöhlen der Insel. Daneben liegen Museen zur Geschichte von Rodrigues und das **François Leguat Giant Tortoise and Cave Reserve** (mit Aufzuchtzentrum für Riesenschildkröten, Tel. 832-8141, www.tortoisescaverserve-rodrigues.com, tgl. 9–17 Uhr, vier Führungen pro Tag).

VERKEHRSMITTEL

- Außerhalb des Zentrums von Port Mathurin, an der Verlängerung der Rue Jenner jenseits des Baches, liegt der Busbahnhof, von dem die Busse in die Siedlungen und zum Flughafen starten. Der letzte Bus fährt gegen 16.30 Uhr, Sa/So sind die Verbindungen unregelmäßig. Das Straßennetz ist teils in schlechtem Zustand, es bieten sich Geländewagen oder Motorräder an. Zur Tropfsteinhöhle und zum Korallensteinbruch gelangt man nur mit dem Geländewagen oder zu Fuß. Hotels und Agenturen vermieten Mountainbikes.

WICHTIGE ADRESSEN

Rodrigues Tourism Office
- Rue de la Solidarité | Port Mathurin
  Tel. 832-0866 | Fax 832-0174

www.tourism-mauritius.mu/en-int/discover/rodrigues.html

Air Mauritius
Port Mathurin,
Rue Max Lucchesi: Tel. 831-1632,
am Flughafen: Tel. 832-7700

2000 Tours
Ausflüge, Bootstouren und Mietwagen.
- Rue Max Lucchesi | Port Mathurin
  Tel. 832-4795
  www.rodrigues-2000tours.com

Rod Tours
Die größte Agentur der Insel organisiert Ausflüge und bietet Mietwagen an.
- Camp du Roi | Port Mathurin
  Tel. 831-2249 | www.mauritours.net

TOUREN AUF RODRIGUES

TOUR 6

ENTLANG DER NORDKÜSTE UND INS HÜGELLAND

Port Mathurin > Baie aux Huitres > Baie du Nord > Plaine Mapou

TOUR 7

ENTLANG DER SÜDKÜSTE

Anse Mourouk > Port Sud-Est > Caverne Patate > Plaine Corail

UNTERWEGS AUF RODRIGUES

PORT MATHURIN 1 b1

Die Hauptstadt von Rodrigues wirkt dörflich – sie ist genauso herrlich unspektakulär und ruhig wie der Rest der Insel. Die Innenstadt besteht aus jeweils fünf im quadratischen Muster angelegten Straßen, die parallel bzw. vertikal zum Hafen verlaufen. Das höchste Gebäude der Stadt hat vier Etagen, viele der bunten Häuser bestehen aus Wellblech. Die Atmosphäre ist selbst zu Stoßzeiten angenehm entspannt. Es herrscht wenig Verkehr in den Straßen, die meisten Menschen sind zu Fuß oder gelegentlich mit dem Fahrrad unterwegs. Oberhalb der Stadt steht an der Pointe Canon die Marienstatue **Marie Reine de Rodrigues,** von der man einen wunderschönen Blick auf die Häuser und die sich tiefblau abhebende Fahrrinne zum Hafen von Port Mathurin, La Passe, hat. Hier findet jedes Jahr am 15. August die traditionelle Himmelfahrtsmesse im Freien statt, zu der die Bewohner aus allen Ortschaften der Insel pilgern.

Obwohl Port Mathurin Zentrum aller wirtschaftlichen und touristischen Aktivitäten der Insel ist, wird es auf den Straßen nach Ladenschluss ab 16 Uhr ziemlich ruhig. Größerer Rummel entsteht, wenn im **Hafen** die *MS Mauritius Trochetia,* das Fracht- und Passagierschiff – von der Mutterinsel kommend – anlegt, oder samstags früh, wenn der Markt stattfindet. Rund um den Hafen stehen die wenigen älteren Gebäude der Kolonialzeit. Ihnen gegenüber bewacht eine alte Kanone den Sitz der Inselverwaltung.

Im Stadtzentrum von Port Mathurin befinden sich Büros, Geschäfte, Banken, das Postamt, die Polizeistation, die Feuerwehr, eine Apotheke und ein Kino. In rund zwei Stunden hat man alles gesehen, einschließlich des kleinen Hafens mit seinem Quai.

Schöne Beispiele kreolischer Baukunst bieten einige Wohnhäuser in der Barclay Street; in der Rue de la Solidarité befinden sich die aus der Kolonialzeit stammenden Gebäude der Polizeistation und des Gerichtshofs sowie das Postamt und die Touristeninformation.

SHOPPING

- Im Zentrum von Port Mathurin bieten einige verstreute **Souvenirläden** lokal hergestellte Flechtwaren oder CDs mit traditioneller Musik an.
- Am westlichen Stadtrand in Camp du Roi liegt das Atelier der gemeinnützigen Organisation **Care-Co.** Hier kann man die behinderten Arbeiter bei der Fertigung von Schmuck und Dekorationsgegenständen aus Kokosnuss beobachten und sich auch in der hiesigen Imkerei umschauen. Etwa 30 Mitarbeiter zählt die Organisation, die auch eine Schule für behinderte Kinder betreibt. Die Produkte der 1989 von Paul Draper gegründeten Behindertenwerkstatt werden vor Ort verkauft, das Fair Trade-Unternehmen ist durchaus er-

folgreich und exportiert seine Produkte
zum Teil auch nach Europa.

• Frühaufsteher sollten den samstäglichen **Wochenmarkt** unweit des
Hafenbeckens in Port Mathurin nicht
verpassen, auf dem so gut wie alle
Inselprodukte verkauft werden. Bauern
und Marktfrauen reisen dafür mit über-
ladenen Körben, lebendigem Vieh und
Bündeln von Grünpflanzen von überall
her an, manche tragen ihre Ware kilometerweit auf dem Rücken oder Kopf.
Der Tag beginnt zeitig, sodass um
8 Uhr schon ein großer Teil der Ware
verkauft ist – und bereits gegen 10 Uhr
geht das Markttreiben seinem Ende
entgegen.

HOTELS
Escale Vacances €€
Gemütliche Villa mit 23 schlichten, aber
freundlichen Zimmern, Pool und Garten,
am Rand der Inselhauptstadt in den
Hügeln gelegen; mit kreolisch-chinesi-
schem Restaurant. **> mehr S. 14**
Punkt **22**
• Fond La Digue | Port Mathurin
Tel. 831-2555 oder 5772-9303
www.escale-vacances.com

Hotel Flamboyant €
Charmante kleine Familienpension mit
einfachen Zimmern und einem Restaurant.
• Victoria St. | Port Mathurin
Tel. 831-2784-6
www.hotelflamboyant.com

RESTAURANT
Le Marlin Bleu €
Restaurant mit guter einheimischer Küche
und freundlichem Service. Auch wunderbar
für einen Drink am Nachmittag.
• Anse aux Anglais | Tel. 832-0701

AUSFLÜGE
ENTLANG DER KÜSTE NACH
GRAND BAIE **2** 📖 b/c1

Von Port Mathurin führt eine Teer-
straße über **Anse aux Anglais** in
östlicher Richtung in die 5 km ent-
fernte Bucht von **Grand Baie,** in der
einige verstreute Häuschen liegen.
Unterwegs passiert man die **Pointe
Venus** **3**; von hier aus beobachtete
der Astronom Abbé Pingré im Mai
1761 erstmalig den Planeten Venus.
Heute befindet sich hier ein recht
großes Hotel auf einer Anhöhe. An
der **Anse aux Anglais** **4** wird noch
immer ein Piratenschatz vermutet,
allerdings soll er nicht der einzige

Künstler bei der Arbeit, Straßenszene in
der Hauptstadt Port Mathurin

auf der Insel sein … Hier befinden sich mehrere Gästehäuser und kleine Hotels. Die Dorfjugend kickt jeden Nachmittag bei Ebbe im trockenen Bett des Meeresarmes. Ein kurzer, aber lohnenswerter Marsch führt von Grand Baie zum einsamen Strand **Baladirou** 5 ◢ c1, wo man in Ruhe picknicken und bei einem Bad im Meer entspannen kann (30 Min, einfacher Weg).

HOTEL

Domaine de la Paix €€

Persönlich geführtes Boutique-Gästehaus mit Pool und geschmackvollen Zimmern mit Blick aufs Meer und teilweise mit Selbstversorgerküche. Bar, auf Anfrage auch Mahlzeiten.

• Anse aux Anglais/Terre Rouge
  Tel. 5933-7770
  www.vacances-rodrigues.com

POINTE COTON 6 ◢ c1

Im Osten von Rodrigues befinden sich die schönsten Strände der Insel. Der Felsen Roche Bon Dieu, den

---

💬 FÜR SCHATZSUCHER

Scharfe Riffkanten, schwierige Passagen und unberechenbare Stürme sorgten dafür, dass viele Segler des 17. Jhs. nie einen schützenden Inselhafen erreichten. Noch heute durchforsten Schatzsucher den tiefen Meeresboden nach Gold und Edelsteinen – aber auch ohne Juwelen sind die unzähligen Wracks großartige Tauchgründe.

---

man auf dem Weg zur Badebucht der Pointe Coton passiert, soll einst direkt vom Himmel auf die Erde gefallen sein. Wie ein Geschenk des Himmels wirkt auch die herrliche Lagunenlandschaft mit türkisblauem Meer. Weiter im Süden warten einsame Küstenabschnitte und traumhafte Strände, zu denen man allerdings nur zu Fuß gelangt.

HOTELS

Le Tekoma €€€

Neues Boutiquehotel mit Pool auf den Klippen in der Nähe der Strände. Moderne, schicke Ausstattung, gutes Restaurant, Tauchschule, kleines Spa.

• Anse Ally
  Tel. 483-4970
  www.tekoma-hotel.com

Cotton Bay €€

Beliebte Hotelanlage, ein bisschen in die Jahre gekommen; komfortable Zimmer in Bungalows mit Meerblick; Pool und Tauchcenter. Freundliches Personal.

• Pointe Coton
  Tel. 831-8001
  www.cottonbayresortandspa.com

ENTLANG DER KÜSTE NACH PETIT GRAVIER 7 ◢ c2

Besonders schön ist eine Küstenwanderung von Pointe Coton über St-François bis Petit Gravier, entlang der schönsten Strände der Insel: Anse Bouteille (Flaschenbucht) und Trou d'Argent (Silberloch), an denen man herrlich schnorcheln kann (ca. 4 Std. einfacher Weg). Am Wegesrand bieten sich Einblicke ins Leben der Bevölkerung, in Landschaftsformen, Flora und Fauna.

Moderner Lifestyle im Restaurant Tekoma

HOTEL

Le Belle Rodriguaise €€
Kleines Hotel in der Nähe eines wunderschönen Strandes mit 12 Zimmern, persönlicher Service, Pool, Bar, Restaurant.
• Graviers
  Tel. 5875-0556
  www.labellerodriguaise.com

RESTAURANT

Mazavaroo €€
Meeresspezialitäten je nach Tagesangebot und einheimische Gerichte am Strand von St-François.
• St-François | Tel. 831-8816

IM BOOT ZUR VOGELINSEL: ÎLE AUX COCOS 8 a1/2

Ein beliebtes Ziel ist die Ausflugsinsel Îlot Coco (oder auch Île aux Cocos), eine 1,5 km lange, flache Sandbank, die mit Filaos, Kokospalmen und Akazien bewachsen ist, und auf der Tausende von Vögeln nisten. Zu ihrem Schutz wurde ein Teil der Insel für Tagesbesucher geschlossen. Häufig halten sich hier *Vièrges* (Bindenfregattvögel), *Sterne Brunes* (Seeschwalben), *Maleines* (weiße Sturmvögel) und weitere Arten auf, die in Astgabeln ihre Nester bauen. Ein schöner Rundweg führt durch einen Teil des Nistgebiets. Im seichten Wasser kann man kaum baden, jedoch am pulvrigen Sandstrand entspannen.

Ab Port Mathurin benötigt eine Motorpiroge etwa 2 Std., ab Baie du Nord ca. 1 Std. Bei der Anfahrt muss der Kapitän das Boot geschickt durchs seichte Wasser der Fahrrinne lotsen und viele Korallenstöcke umfahren. Bei Ebbe watet man vor der Abfahrt etwa 20 Minuten lang durchs nur Zentimeter tiefe Wasser der Lagune bis zum weit entfernt ankernden Boot.

Gleich nördlich der Îlot Coco liegt die etwas kleinere **Île aux Sables** (Îlot Sables). Auch auf ihr brüten riesige Vogelkolonien; als Naturschutzgebiet ist sie für Besucher nicht zugänglich.

ANSE MOUROUK 9 🏝 c2

Vor der Südwestküste liegen zahlreiche unbewohnte Inselchen. Schon von fern hört man von der Île Crabe das Blöken der Schafe, die im Rahmen eines staatlichen Entwicklungsprogramms dort gezüchtet werden.

Nur beim Mourouk Ebony Hotel gibt es einen gepflegten Sandstrand, aber auch hier ist das Wasser bei Ebbe zu seicht zum Schwimmen. Hingegen tummeln sich fast das ganze Jahr über Kite- und Windsurfer in der Lagune. Es weht stets eine kräftige Brise – der Surf-Spot ist unter Kennern sehr beliebt.

💬 FLUGHUNDE

Hier sind viele rötlich-braune *fruit bats* oder *flying foxes* zu Hause. Diese seltenen kleinen Fliegenden Hunde (Flughunde, zoologisch *Pteropodidae*) kann man gut bei Einbruch der Dunkelheit beobachten, wenn die Tiere in den Obstbäumen Futter suchen.

HOTEL

Mourouk Ebony Hotel €€

Hübsches Bungalowhotel mit 30 komfortablen Zimmern und anspruchsvoller Küche. Tauchschule, Kite- und Windsurfzentrum. Ein Ort voller Beschaulichkeit. Viele Gäste aus Mauritius.

• Pâté Reynieux | Mourouk
Tel. 832-3351
www.mouroukebonyhotel.com

AUSFLUG INS BERGIGE INSELINNERE

Die in west-östlicher Richtung verlaufende Inselhauptstraße führt über den 396 m hohen **Mont Limon** 10 🏝 b/c1. Hier zweigt ein schmaler Pfad ab, der in wenigen Minuten auf den Gipfel führt, wo sich ein imposanter Blick über die Insel eröffnet. In der Ortschaft **Saint Gabriel** 11 🏝 b1 liegt das größte Gotteshaus des Indischen Ozeans, die 1939 fertig gestellte katholische Kirche St-Gabriel, die bis zu 2000 Gläubige fasst. Das dunkle Gebäude aus Korallensteinen ist innen recht schlicht. Sonntags strömen Tausende festlich gekleidete Menschen hierher. Viele junge Mädchen verlassen nur zum Kirchgang das Elternhaus, und so halten sich immer Scharen von jungen Männern in der Nähe des Kirchengebäudes auf, um einen Blick auf die potentiellen Heiratskandidatinnen werfen zu können.

In **Quatre Vents** 12 🏝 b1 scheint der Wind tatsächlich aus vier Himmelsrichtungen gleichzeitig zu wehen, wegen der hohen Lage bieten sich von hier aus einzigartige Blicke über die bergige und grüne Insel bis zur Küste.

RÉUNION: DER NORDEN UND WESTEN

Schwarzen Sandstrand wie in der
Badebucht von Étang-Salé-les-Bains
findet man auf Réunion selten

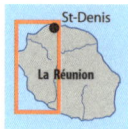

Südwestlich von Le Port beginnt die Sonnenseite von Réunion; dieser wärmste Inselteil reicht von St-Paul bis hinab nach St-Pierre. Hier befindet sich die größte Lagune mit schönen Stränden und den meisten Unterkünften.

Ein Besuch auf Réunion beginnt fast immer im Norden der Insel, da hier die Hauptstadt sowie der internationale Flughafen liegen. Wer zum Strand will, muss in den Westen weiterfahren. St-Denis, die Hauptstadt Réunions, ist Handels-, Kultur-, Bildungs- und Verwaltungszentrum. Sie wirkt in manchen Teilen fast europäisch, bietet jedoch eine bunte Mischung aus Modernität und kolonialer Vergangenheit. Die spektakuläre Route du Littoral führt unterhalb eines Steilhangs entlang der Küste in den Westen nach La Possession, wo die Insel einst für Frankreich in Besitz genommen wurde. Internationaler Umschlagplatz ist der große Hafen von Le Port, die Stadt selbst wirkt trotz ihrer Bedeutung für die Wirtschaft der Insel recht verschlafen.

Vor allem die Küstenorte Boucan-Canot, St-Gilles-les-Bains, La Saline und L'Hermitage halten ein breites Angebot für Touristen bereit; es gibt Bars, Restaurants, Diskotheken, Konzerte und Attraktionen. Während in den Städten und Badeorten an der Westküste reger Betrieb herrscht, dominiert im Innern der Insel die faszinierend unbezähmte Natur. Im selbst heute nur zu Fuß oder mit dem Hubschrauber erreichbaren Cirque de Mafate leben Nachfahren entlaufener Sklaven, von denen einige das Meer nur vom Hörensagen kennen. Der Cirque de Cilaos ist nicht minder eindrucksvoll, allein schon die Fahrt in den Talkessel ist einmalig. Zahlreiche Schluchten, Wälder, Gipfel und Wasserfälle locken Wanderer und Extremsportler an.

Am Strand Boucan-Canot im äußersten Westen von Réunion

TOUREN IN DER REGION

IN DIE HÖHEN UND ANS MEER

ROUTE: St-Leu › Kelonia › Jardin Botanique de Mascarin › Les Colimaçons › Stella Matutina › St-Leu

KARTE: Seite 113
LÄNGE: 1 Tag
PRAKTISCHE HINWEISE:
Die Strecke ist sehr kurvenreich, fahren Sie äußerst vorsichtig. Entgegenkommende Fahrzeuge, vor allem Busse und LKWs, hupen häufig kurz vor den Kurven; dann unbedingt sofort anhalten, um diese Gefährte vorbeizulassen.

TOUR-START:
Vom Ortszentrum in **St Leu** ➍ › S. 123 fährt man nach Norden bis zum **Kélonia-Observatorium für Meeresschildkröten** › S. 123 an der Pointe des Châteaux. Gegenüber der Anlage führt eine Straße nach Les Colimaçons und weiter nach **Les-Colimaçons-les-Hauts.** Auf dem einstigen Besitz des Grafen de Chateauvieux hat man das **Conservatoire Botanique National de Mascarin** gegründet. Das wunderschöne, 12 ha große Gelände dient als Konservatorium für die bedrohten Pflanzen Réunions; ein

Rundgang bezieht auch die Besichtigung der Wohngebäude und Produktionsanlagen mit ein (Tel. 02 62 24 27 25, www.cbnm.org, Di–So 9 bis 17 Uhr).

Die reizvolle Höhenstraße D 3 führt über La Chaloupe St-Leu durch viele Flusstäler am Bergrücken entlang bis nach Le Plate. Hinter dem Dorf zweigt die D 15 nach Piton St-Leu ab, über Hunderte von Kurven geht es hinab nach Stella, wo sich das sehr interessante **Museum Stella Matutina** ➒ › S. 124 befindet, das sich der Zuckerherstellung aus Zuckerrohr widmet (www.museesreunion.re/stellamatutina).

Von hier ist es nicht mehr weit bis zur Küstenstraße, auf der man von Süden zurück ins Zentrum von St-Leu gelangt.

IN DEN CIRQUE DE CILAOS ➐

ROUTE: St-Louis › Cilaos › Bras Sec › Wanderung nach Le Pavillon

KARTE: Seite 113
LÄNGE: 2–3 Tage
PRAKTISCHE HINWEISE:
Auf der kurvenreichen, an Steilhängen entlang führenden Straße sollte man sehr vorsichtig fahren

TOUREN AUF RÉUNION, NORDEN UND WESTEN

TOUR 8

IN DIE HÖHEN UND ANS MEER

St-Leu > Kelonia > Jardin Botanique
de Mascarin > Les Colimaçons > Stella
Matutina > St-Leu

TOUR 9

IN DEN CIRQUE DE CILAOS

St-Louis > Cilaos > Bras Sec > Le Pavillon

TOUR 10

ENTRE-DEUX UND LE DIMITILE

St-Louis > Pierrefonds > Entre-Deux >
Dimitile

und auf Steinschlag und entgegenkommende Fahrzeuge achten, die häufig hupen. Halten Sie nur in dafür vorgesehenen Buchten.

• Bei Nässe ist besondere Vorsicht geboten, meiden Sie die Strecke nach Stürmen.

TOUR-START:

Zu Beginn des 19. Jhs., als die Thermalquellen von Cilaos entdeckt wurden, ließen sich die Kranken und Reichen von Trägern auf das 1200 m über dem Meeresspiegel gelegene Hochplateau in diesem zerklüfteten Cirque hinaufbringen. **Le Pavillon,** wo die Bergflüsse Petit und Grand Bras de Cilaos brausend zusammenfinden, war einst der erste Rastplatz für die müden Träger. Die Streckenführung oberhalb von Le Pavillon ist kurios: Eine kurvenreiche Anfahrt führt zu einer Brücke, die die beiden Teilstücke der Bergstraße miteinander verbindet. Von **Cilaos** 14 › S. 125, dem höchstgelegenen Thermalbadeort im Indischen Ozean, bietet sich ein traumhaftes Panorama mit dem **Piton des Neiges** (3070 m) 15 und dem **Grand-Bénard-Massiv** (2896 m) › S. 123. Es lohnt sich, einige Übernachtungen in Cilaos einzuplanen, um durch die faszinierende Bergwelt zu wandern und vielleicht zum höchsten Gipfel der Insel hinaufzusteigen. › mehr S. 12 Punkt ❻

Auch Kletterer, Mountainbiker und Canyoning-Begeisterte finden hier ein geeignetes Terrain. Südwestlich von Cilaos liegt Îlet à Cordes in der Einsamkeit der Berge. Der 22 km lange Abstecher in das Bergdorf beginnt oberhalb der Kirche von Cilaos und führt vorbei am Wanderweg zum Col du Taïbit.

Sie folgen von Cilaos nun der Straße in Richtung Osten nach **Bras Sec** (8 km) durch dichte Nadelholzwälder, in denen der Wanderweg auf den Piton des Neiges beginnt. Alternativ führt eine schöne, aber anstrengende Wanderung von der Ortsmitte in Cilaos entlang dem kleinen See über das Gelände der ehemaligen Thermen durch mehrere Flusstäler nach Bras Sec (5 km, ca. 90 Min.). Dort beginnt die Wanderung nach Palmiste Rouge (6 km, 90 Min.), vorbei am Bergmassiv des Bonnet de Prêtre (Priesterhaube). Man kann von Palmiste Rouge mit dem Bus nach Cilaos zurückkehren oder vorbei an den Hütten des idyllischen Fleckens Îlet Haut weiterwandern bis nach Le Pavillon (7 km, ca. 2 Std.), wo es Busverbindungen nach Cilaos und St-Louis gibt.

TOUR 10

ENTRE-DEUX UND LE DIMITILE

ROUTE: St-Louis › Pierrefonds › Entre-Deux › Wanderung zum Dimitile

KARTE: Seite 113
LÄNGE: 1–2 Tage

PRAKTISCHE HINWEISE:

- Die Anfahrt nach Entre-Deux führt durch ein schönes, tiefes Flusstal. Die Strecke hinauf zum Dimitile ist unbefestigt und nur mit einem Allradwagen zu bewältigen.
- Schöner und lohnender ist die Wanderung, die aber stets bergan führt (gute Kondition erforderlich).
- In den Höhen von Le Dimitile liegen einige Pensionen und Wanderhütten; es lohnt sich, hier zu übernachten, da die Aussicht in den Cirque de Cilaos frühmorgens am besten ist und nach 9 Uhr meistens durch Wolken versperrt wird. Auch in Entre-Deux gibt es Unterkünfte.

TOUR-START:

Entre-Deux ist ein kleines, verträumtes kreolisches Dörfchen mit schönen blumengeschmückten Häusern im traditionellen Stil. Es liegt recht abseits oberhalb von St-Louis, ca. 15 km von St-Pierre entfernt, in einem hübschen Tal und ist sicher eine der schönsten Inselsiedlungen. Von hier aus starten Wanderwege zum Aussichtspunkt **Le Dimitile** über den **Cirque de Cilaos.** Die schönste, wenn auch längste Route nimmt einen kleinen Umweg über Le Zèbre und La Grande Jument. Die Strecke ist beschildert und markiert. Am Aussichtspunkt befindet man sich an der südöstlichen Cirquewand, gegenüber vom Aussichtspunkt La Fenêtre (einfach 9 km, ca. 4 Std.).

UNTERWEGS IM NORDEN UND WESTEN

ST-DENIS 1 📖 c1

Die Hauptstadt von Réunion zählt rund 160 000 Einwohner, sie lässt sich in einem halben Tag bequem erkunden. Ihre Entwicklung geht auf den ideenreichen Gouverneur Mahé de Labourdonnais zurück. Er ernannte 1735 das damalige Dorf zum Sitz der Kolonialverwaltung, begann mit dem Ausbau des Hafens und legte die Innenstadt schachbrettartig an. Rund 100 Jahre später ließen sich die reichen Zuckerbarone hier Prachtvillen erbauen, in denen sie angemessen repräsentieren und feiern konnten. Dennoch blieb St-Denis eine verträumte Kleinstadt, bis 1946 mit der Ernennung zur Hauptstadt des französischen Übersee-Départements Réunion neue Zeiten anbrachen. Auf den Hauptverkehrsadern drängeln sich die Fahrzeuge, im Zentrum herrscht Parkplatznot, die Vororte und Nachbarstädte werden immer dichter besiedelt. Neben den alten Kolonialvillen stehen moderne Bürogebäude, und an den Berghängen, die St-Denis im Süden begrenzen, ziehen sich exklusive Wohnviertel hinauf.

Die **Place du Barachois** Ⓐ ◀ b1 eignet sich sehr gut als Ausgangspunkt für einen Stadtrundgang. Das **Hôtel de la Préfecture** Ⓑ ◀ a/b1 ließ die Ostindien-Kompanie als Kaffeespeicher errichten. Später wurde er zum prachtvollen Repräsentationsbau, dem Gouverneurspalast, erweitert. Heute arbeitet hier der Präfekt; eine Besichtigung ist nicht möglich. Im benachbarten Park steht ein **Standbild des Gouverneurs Mahé de Labourdonnais** Ⓒ ◀ a/b1. Vor allem in der Avenue de la Victoire, der **Rue de Paris,** der Rue de Nice und der Rue Rontaunay sind noch einige Kolonialvillen erhalten, unter denen das **Palais Rontaunay** Ⓓ ◀ b1 mit seinem prächtigen Garten zu den schönsten zählt. Im Giebel der schlichten, weißen **Kathedrale Ste-Marie** Ⓔ ◀ b1 ist die Leidensgeschichte des hl. Dionysius (St-Denis) dargestellt. Gegenüber steht ein altes Gebäude der **Universität** Ⓕ ◀ b1 aus dem 18. Jh. Die meisten Fakultäten und Institute befinden sich heute auf dem modernen Campus im Vorort Chaudron. Die mit zahlreichen Säulen versehene, direkt angrenzende **Zweite Präfektur** Ⓖ ◀ b2 umgibt ein kleiner tropischer Park. Die Siegessäule, die an das Ende des Ersten Weltkrieges erinnert, markiert den Beginn der Rue de Paris, in der das **Alte Rathaus** Ⓗ ◀ b2 steht. Die Rue du Maréchal-Leclerc gilt als Haupteinkaufsstraße. Banken, Warenhäuser und elegante Boutiquen wechseln

sich ab, Straßenhändler werben um Kunden. Im westlichen Teil der Straße liegen die **Markthallen** Ⓘ ◀ b2 des Grand Marché, in dem Kunsthandwerk und Souvenirs, vor allem aus Madagaskar, verkauft werden.

Im **Musée Léon Dierx** Ⓙ ◀ b2 in der Rue de Paris ist neben den Werken des einheimischen Malers Léon Dierx eine Sammlung moderner Malerei mit Bildern von Gauguin, Henri Matisse und Pablo Picasso zu sehen. Das 1846 errichtete Haus diente einst als Bischofsresidenz (Di bis So 9.30–17.30 Uhr).

Der mit altem Baumbestand bestückte **Jardin de l'Etat** Ⓚ ◀ b3 ist etwa 300 m entfernt. Zwischen den tropischen Bäumen und Büschen, die von Pierre Poivre angelegt wurden, liegt das **Naturgeschichtliche Museum** Ⓛ ◀ b3 in den Räumen des ehemaligen Justizpalastes (Di bis So 9.30–17.30 Uhr). Es informiert über Fauna, Gesteine und Mineralien der Insel. In der Fußgängerzone Rue du Maréchal-Leclerc befindet sich das **Hauptpostamt** Ⓜ ◀ b2. Schon von Weitem erkennbar ist das hohe Minarett der 1905 erbauten **Großen Moschee** Ⓝ ◀ b2, deren schlichtes Inneres besichtigt werden darf. Auf dem **Kleinen Markt** Ⓞ ◀ bc2 in der Rue Ste-Anne herrscht am Vormittag (außer sonntags) dichtes Gedränge um die Obst- und Gemüsestände. Die angrenzende Rue des Limites markierte einst die Grenze zwischen bürgerlichen Besitzungen und den Zuckerrohrfeldern außerhalb der Stadt. Im ehemaligen chinesischen Viertel, dem Zentrum des Buddhismus, liegt ebenfalls in der Rue Ste-Anne die **Pagode Guan-Di** Ⓟ 🔳 c2. Der tamilische **Tempel Shri Kali Kampal Kôvil** Ⓠ 🔳 c2, eine Straße weiter stadtauswärts, ist Shiva und dem Elefantengott Ganesha geweiht, er kann nicht besichtigt werden.

An der Uferpromenade, an der zahlreiche Restaurants um Kundschaft werben, lädt der **Park Le Barachois** Ⓡ 🔳 b1 zu einer Rast ein. Insbesondere am frühen Abend kann man von hier aus den Sonnenuntergang genießen. Hier verlief früher die alte Inseleisenbahn von St-Benoît nach St-Pierre. Sie wurde Anfang der 1960er-Jahre stillgelegt und dafür die **Route du Littoral,** die vierspurige Küstenstraße nach La Possession, ausgebaut. Nach 13 Jahren Bauzeit konnte die damals teuerste Autobahn der Welt eingeweiht werden – 250 Mio. Francs (über 38 Mio. €) wurden investiert, und Jahr für Jahr kommen Unsummen für die Instandhaltung hinzu, denn jedes Unwetter bringt Überschwemmungen, löst Felsbrocken aus den Steilwänden und erfordert neue Sicherheitsmaßnahmen.

INFO
Office de Tourisme du Nord
- Maison Carrère | 14, rue de Paris
  Tel. 02 62 41 83 00
  www.lebeaupays.com
  Mo–Sa 9–18 Uhr

Centrale d'Information et de Reservation Île de la Réunion
- Tel. 08 10 16 00 00 | www.reunion.fr
  www.explorelareunion.com
  Mo–Fr 9–12.30, 13.30–17 Uhr

Internationaler Flughafen Roland Garros
- ca. 10 km östl. der Hauptstadt
  Tel. 02 62 48 80 00
  www.reunion.aeroport.fr
- Shuttlebusse verkehren in die Stadt zur Gare Routière von 6 bis 18.30 Uhr,
  Tel. 08 00 65 56 55

**Zentraler Busbahnhof
(Gare Routière)**
- Rue du la Gare Routière, direkt
  am Meer | St-Denis
  Tel. 02 62 41 51 10, 08 10 12 39 74

HOTELS
Le Juliette Dodu €€€
Stadthotel in einem kreolischen Herrenhaus mit 43 Zimmern und Suiten in zentraler, aber ruhiger Lage. Pool, gutes Restaurant.
- 31, rue Juliette Dodu | St-Denis
  Tel. 02 62 20 91 20
  www.hotel-juliette-dodu.com

Villa Angélique €€€
Charmantes Hotel mit neun geschmackvoll eingerichteten Zimmern in einer historischen, kreolischen Villa im Zentrum. Bar, Restaurant, WLAN.
- 39, Rue de Paris | St-Denis
  Tel. 02 62 48 41 48
  www.villa-angelique.fr

RESTAURANTS
La Fabrique €€€
Jehan Colson serviert in industriellem Ambiente kreative Inselküche mit den besten Zutaten. Günstigeres Mittagsmenü (€€). Feine Weinauswahl.
- 76, rue Pasteur | St-Denis
  Tel. 02 62 19 80 60 | www.lafabrique restaurant.re | Di–Do 12–14.30,
  Fr–Sa 12–14.30, 19.45–22.30 Uhr

Le 144 €€

Vorzügliche französische Küche in einer denkmalgeschützten Case Créole. Bar mit Weinen, Cocktails und Fingerfood.

• 12, rue de Nice | St-Denis
  Tel. 02 62 11 24 07 | www.le-144.com
  So, Mo geschl.

Le Gadiamb €€

Terrassenrestaurant mit ausgezeichneter kreolischer Küche in schöner Villa.

• 104, Rue Roland Garros | St-Denis
  Tel. 02 62 20 10 79

Le Reflet des Îles €€

Hervorragende kreolische Küche.

• 27, rue de l'Est | St-Denis
  Tel. 02 62 21 73 82 | So geschl.
  www.lerefletdesiles.com

SHOPPING

Grand Marché

Bunte Stände voller einheimischer und importierter Waren und Souvenirs.

• 2, rue de la Marechal Leclerc
  St-Denis | Mo–Sa 9–18 Uhr

Etc. Réunion

In diesem liebenswert altmodischen Laden gibt es Kräuter, Gewürze, Honig, exotische Teesorten, Kaffee und viele weitere, im Gegensatz zum Angebot auf dem Grand Mar-

St-Denis

0   500 m

A Place du Barachois
B Hôtel de la Préfecture
C Standbild des Gouverneurs Mahé de Labourdonnais
D Palais Rontaunay
E Kathedrale Ste-Marie
F Universität
G Zweite Präfektur
H Altes Rathaus
I Markthallen
J Musée Léon Dierx
K Jardin de l'Etat
L Musée d'Histoire Naturelle (Naturgeschichtliches Museum)
M Hauptpostamt
N Große Moschee
O Kleiner Markt
P Pagode Guan-Di
Q Tamoul-Tempel
R Park Le Barachois

ché auf La Réunion hergestellte kulinari-sche Produkte mit Herkunftsnachweis.

- 43, rue Pasteur | St-Denis
  Tel. 02 62 30 76 20 | www.facebook.com/etc.reunion | Di–Sa 9–13, 14–18 Uhr

Galerie artisanale
Umfangreiches Angebot von kunstgewerb-lichen Produkten aus Réunion
- 75, route du Karting (im Supermarché Carrefour) | Ste-Clotilde
  Mo–Sa 8.30–18 Uhr

NIGHTLIFE
Théâtre de Champ-Fleuri
Bunter Mix aus Theater, Konzerten, Aus-stellungen und Tanzvorführungen.
- 2, rue du Théâtre | St-Denis
  Tel. 02 62 41 93 25 | www.theatreunion.re

Zanzibar Café
In-Pub mit Livemusik und jungem Publikum.
- 41, rue Pasteur | St-Denis
  Tel. 02 62 20 01 18

DIE MÄRKTE AUF RÉUNION

- In **St-Denis** wimmelt es von Mo–Sa auf dem Kleinen Markt vor Käufern und Verkäufern. Buntes Obst und Gemüse stapelt sich auf den Ständen. › S. 115
- Auf keinen Fall verpassen sollte man einen Markttag in **St-Paul.** Am Freitag und Samstag kommen Menschen von der ganzen Insel zum Einkaufen hierher. › rechts
- In **St-Pierre** findet am Samstag ein Bauernmarkt auch mit Klei-derständen statt. › S. 138

ST-PAUL ② ⭐ 8 📖 a2

Das kleine Küstenstädtchen war einst Hauptstadt der Insel, das alte **Rathaus** Sitz der mächtigen Ost-indien-Kompanie. Heute geht es zumeist ruhig zu in St-Paul. Am Freitagnachmittag und Samstagvor-mittag ändert sich dieses Bild je-doch, da dreht sich alles um den bunten Markt an der Uferstraße: Händler breiten ihre Waren aus, Menschen aus der ganzen Gegend pilgern zum schönsten Wochen-markt der Insel. Kreolische Musik ertönt von den Fleischtheken, Pro-dukte werden lautstark angeboten, es wird gefeilscht, gehandelt und geprüft. Auch die Touristen genie-ßen den Rummel und staunen über das vielfältige, exotische Angebot und die große Auswahl an Mit-bringseln und Souvenirs. › mehr S. 15 Punkt ㉓ Viele Besucher bleiben frei-tags gerne noch nach 18 Uhr, wenn die Händler ihre Stände flink abbau-en, um beim Sonnenuntergang in einer der Snackbars am Strand den Tag ausklingen zu lassen.

Auf dem **Cimetière marin** am westlichen Ortsrand wurden neben Seeleuten der auf Réunion geborene Dichter Leconte de Lisle und der berühmt-berüchtigte **Pirat La Buse** beigesetzt. Obwohl der Seeräuber vermutlich kein eigenes Grab be-kam und gar nicht hier beerdigt wurde, verehren die Inselbewohner seine Grabstätte wie ein Heiligtum. Am Strand vor St-Paul sowie an den weiter südlich gelegenen Buchten vor dem Cap de la Houssaye kann man nicht baden. In Richtung St-

Von Boucan-Canot ziehen sich ohne Unterbrechung Strände bis St-Gilles-les-Bains

Gilles-les-Bains wird das dunkle Lavagestein an der Küste allmählich von helleren Sandstränden mit Bademöglichkeit abgelöst.

HOTEL

Kia Ora €€

In einer schönen Case Créole ganz in der Nähe des Hindutempels bieten Mylène und Bruno drei sehr hübsche klimatisierte Zimmer im 1. Stock des Hauses mit Frühstück auf der Veranda mit Pool.

• 204, rue Saint-Louis | Saint-Paul
  Tel. 02 62 25 31 68 | www.kiaorarun.com

RESTAURANT

La Vigie €€

Das ehemalige Le Bout'Chandelle hat sich zum Gourmetrestaurant mit internationaler Küche entwickelt.

• 192, rue Marius-et-Ary-Leblond
  Saint-Paul | Tel. 02 62 27 47 18
  So, Mo geschl.

AKTIVITÄTEN

Félix ULM

Rundflüge zu den Circques mit Ultraleichtflugzeug. Startpunkt ist die Base ULM de Cambaie zwischen Le Port und Saint-Paul.

• Rue Marthe Bacquet | Saint-Paul
  Tel. 02 62 43 02 59 | www.felixulm.com

ST-GILLES-LES-BAINS ③ 📖 a3

Boucan-Canot heißt der erste der beliebten Strände, die sich über eine Gesamtlänge von 27 km in Richtung Süden erstrecken. Es ist der nördlichste Vorort von **St-Gilles-les-Bains.** An ihm treffen sich die Sonnenanbeter, hinter dem Strand bieten Restaurants und Snackbars Spezialitäten an, zwei Hotels liegen direkt am Strand. St-Gilles-les-Bains ist der bekannteste Badeort

Réunions. Entlang der Hauptstraße reihen sich Lokale, Boutiquen und Supermärkte aneinander, abends locken Discos und Nachtklubs.

Die Rue du Général-de-Gaulle führt direkt zum modernen Jachthafen mit 350 Liegeplätzen. Einen Eindruck von der Unterwasserwelt rund um die Insel gibt das Meerwasseraquarium am Port de pêche. **Roches Noires** sowie der sich südlich anschließende Ort **L'Hermitage-les-Bains** warten mit schönen Stränden auf; man kann Surfen, Wasserskifahren, Schnorcheln und Tauchen. › mehr **S. 12 Punkt ❶** Im **Jardin d'Eden** in Hermitage-les-Bains gedeihen über 700 Arten von tropischen Gewürzen, Heilkräutern, Nutz- und Wasserpflanzen (www.jardindeden.re, tgl. 10–18 Uhr).

Baden und Surfen sind auf Réunion wegen Haiattacken zurzeit verboten. Nur bei Hermitage, La Saline, St-Leu und St-Pierre darf im Schutz des Riffs gebadet werden. Infos über die aktuelle Situation erhalten Sie vor Ort.

HOTELS

Akoya Hotel & Spa €€€

104 modern ausgestattete Zimmer an der Lagune in La Saline-les-Bains, Restaurants, Bar und Pool.
- 6, impasse les Goélands | La Saline
  Tel. 02 62 61 61 62
  www.akoya-hotel.com

LUX* Saint Gilles €€€

Eines der besten Strandhotels der Insel mit 173 Zimmern im kreolischen Stil. Großer Pool, Restaurants, Ladenzeile und Miniklub.

- 28, rue du Lagon | L'Hermitage
  Tel. 02 62 70 00 00 | www.luxresorts.com/fr/hotel-reunion/luxsaintgilles

Le Saint-Alexis €€€

Sehr liebevoll gestaltete Anlage mit stillen Patios, direkt am schönen Sandstrand gelegen. Geschmackvoll dekorierte Zimmer.
- Boucan-Canot | Tel. 02 62 24 42 04
  www.hotelsaintalexis.com

RESTAURANTS

Le DCP €€

Fischrestaurant am Hafen. Superfrische Zutaten, leckere Kreationen!
- Place du Marché | St-Gilles-les-Bains
  Tel. 02 62 33 02 96 | le-dcp.business.site

Le Piccolo €–€€

Alteingesessenes Lokal mit guter italienischer und französischer Küche.
- 99, rue du Général-de-Gaulle
  St-Gilles-les-Bains | Tel. 02 62 24 51 51

NIGHTLIFE

Moulin du Tango

Disco für alle Generationen.
- Avenue Bourbon | St-Gilles
  Tel. 02 62 24 53 90
  www.moulin-du-tango.re
  Fr, Sa, vor Feiertagen 22–5 Uhr

Théâtre de Plein Air

Von März bis Dezember Shows und Konzerte für 1000 Zuschauer.
- Route du Théâtre | St-Gilles-les-Bains
  Tel. 02 62 41 93 25
  www.theatrereunion.re

La Rhumerie

Beliebter Pub, ab und zu Livekonzerte.
- 68, rue du Général-de-Gaulle
  St-Gilles-les-Bains | Tel. 02 62 24 55 99

WANDERN AUF RÉUNION

Wandern im Parc National de La Réunion

Die Bergwelt Réunions ist faszinierend und mysteriös zugleich. Jeden Vormittag versinken die Gipfel in den Wolken, der Nebel benetzt die Wedel der Baumfarne mit Tau. Frühaufsteher werden mit fantastischen Blicken auf das schroffe Relief und den blau schimmernden Horizont belohnt. Durchweg gut markierte und unterhaltene Wege führen durch diese bizarre Bergwelt. Doch bedingt durch das tropisch-feuchte Klima, die intensive Sonneneinstrahlung und die bisweilen großen Höhenunterschiede sind manche Touren recht anspruchsvoll und anstrengend. Mit plötzlichen Wetterumschwüngen muss gerechnet werden, deshalb sollte man nie ohne warme Kleidung, festes Schuhwerk, Regen- und Sonnenschutz losmarschieren und nur gekennzeichneten Wegen folgen.

2008 entstand um den Vulkan Piton de la Fournaise, Grand Bassin und die Primärwälder sowie um die Talkessel von Mafate, Cilaos, Salazie und die Hochebenen der **Parc National** mit einer Gesamtfläche von 1750 km^2 (www.reunion-parcnational.fr). Auskünfte über den Zustand der Wege und zu geführten Wanderungen sowie Karten erhält man bei der Centrale d'Information et de Reservation › S. 116, das auch über Übernachtungsmöglichkeiten in den Berghütten informiert (Decken sind vorhanden, in den meisten Hütten ist Verpflegung möglich). Komfortabler als in einer Berghütte (*gîte*) nächtigt man in Pensionen (*chambres d'hôtes);* Adressen in der Broschüre RUN Guide der Touristeninformationen sowie in den Fremdenverkehrsämtern selbst, wo Sie auch buchen können.

AUSFLÜGE
KOLONIALGESCHICHTE IN
ST-GILLES-LES-HAUTS 4 ▌ a2/3

Viele auf Réunion verkaufte Post-
karten zeigen noch die Wasserfälle
von Trois Bassins kurz vor St-Gilles-
les-Bains. Sie sind jedoch aus Natur-
schutzgründen offiziell nicht mehr
zugänglich.

In den Ort selbst hatte sich einst
eine der reichsten Familien des Lan-
des zurückgezogen. Im ehemaligen
Wohnhaus der Zuckerbaronin Madame Desbassayns befindet sich
heute das **Musée de Villèle** (Di–So,
9.30–7.30 Uhr). Hier wird anschaulich vorgeführt, wie im 18. Jh. verschiedene Bevölkerungsschichten
ihr Leben fristeten. Die mit Origi-
nalmöbeln eingerichtete Villa lässt
noch viel vom einstigen Reichtum
der Gros Blancs erahnen. Auf dem
10 ha großen Gelände steht auch die
Chapelle Pointue, die Madame Desbassayns im hohen Alter stiftete.

Heute wohnen einige tamilische
Hindus in St-Gilles-les-Hauts. Sie
errichteten den **Temple Misère**
(Zufahrt über Rue Mahatma-Gan-
dhi), wo alljährlich eindrucksvolle
Zeremonien wie z. B. der Feuergang
(marche sur le feu) › S. 60 und farbenprächtige Prozessionen stattfin-
den. Die genauen Termine der Fei-
erlichkeiten erfragt man am besten
direkt im Tempel.

STRANDWANDERUNG ENTLANG
DER LAGUNE

Südlich des Hafens von St-Gilles beginnt die größte Lagune der Insel.
Sie erstreckt sich über eine Länge
von 24 km und wird von einem
breiten Sandstrand gesäumt. Das
schützende Korallenriff wird immer
wieder von der Macht der Wellen
und Stürme beschädigt – davon
zeugen die vielen Korallenstück-
chen, die den Sand durchsetzen.
Wer ausgiebige Strandspaziergänge
liebt, ist hier richtig und kann bis
nach Trou d'Eau am Ortsausgang
von La Saline-les-Bains gehen. Es
empfiehlt sich, vor allem bei Ebbe
an der Küste entlang zu laufen, unterwegs gibt es Einkehrmöglichkeiten in Strandbars.

PITON DE
MAÏDO 5 ⭐ 9 ▌ b3

Zu dem 2203 m hohen Berg und
Aussichtspunkt sollte man mög-
lichst früh morgens aufbrechen, um
von dort einen freien Blick in den
zerklüfteten Talkessel von Mafate zu
genießen – selbst bei guter Wetter-
lage sind die hohen Berge spätestens
ab Mittag wolkenverhangen.

**Auf der Rückfahrt laden unter-
halb des Piton de Maïdo lauschige Picknickplätze im Tamarin-
denwald zu einer Rast ein (am
Wochenende überfüllt).**

Von St-Gilles-les-Bains fährt man in
Richtung St-Gilles-les-Hauts. Die
Chapelle Pointue weist den Weg
nach Le Guillaume, von dort schlängelt sich eine gut befestigte Forststraße hinauf zum **Piton de Maïdo**
(Fahrtdauer ca. 1 Std. ab St-Gilles-
les-Bains). Am Endpunkt der Straße
erreicht man vom Parkplatz mit wenigen Schritten den **Aussichts-**

punkt am Kraterrand des **Cirque de Mafate,** von dem aus man einen fantastischen Blick über den Talkessel und zu den Gipfeln **Roche Écrite** (2277 m), **Grand Bénard** (2896 m) und dem mächtigen **Piton des Neiges** (3070 m) › S. 126 hat. Vom ca. 350 m tiefer gelegenen Ort Roche Plate hört man manchmal sogar das Bellen der Hunde, das an der steilen Cirquewand hinaufschallt.

Auf dem Rückweg besteht bei **La Petite France** die Möglichkeit, eine der letzten Produktionsstätten von Parfümöl zu besichtigen, das hier aus den Blättern und Stängeln der Geranien destilliert wird.

Westlich des Dorfes St-Gilles-les-Hauts, in Richtung St-Gilles-les-Bains, passiert man das **Théâtre de Plein Air** und die stillgelegte Zuckerrohrfabrik l'Eperon. Auf dem Gelände arbeiten u. a. Bildhauer, Keramiker und Schmuckhersteller im **Kunsthandwerkerdorf l'Eperon.** Es gibt eine Verkaufsausstellung (Mo bis Sa 9–12 und 14–18 Uhr), ein Restaurant und einen Pub. Entlang der Strecke zum Maïdo bieten verschiedene Pensionen *(chambres d'hôtes)* Übernachtungsmöglichkeiten. Adressen sind in der Broschüre RUNGuide aufgeführt, erhältlich bei den Touristeninformationen.

CIRQUE DE MAFATE 6 ▮ b/c 2/3

Mit seinen schroffen Berghängen und den winzigen Dörfern wirkt der Talkessel Mafate überaus unzugänglich. Vom Piton Maïdo schweift der Blick zu den Gipfeln Roche Écrite, Grand Bénard und dem mächtigen Piton des Neiges. › mehr S. 12 Punkt 5 Der Talkessel selbst ist zu Fuß auf anspruchsvollen Wegen vom Piton Maïdo oder den anderen beiden Talkesseln aus erreichbar.

Wanderer können in Berghütten übernachten, sie müssen über ein Office de Tourisme oder online reserviert werden (www.explorelareunion.com). Auch Camping ist vielerorts möglich.

ST-LEU 7 ▮ a4

St-Leu ist das Mekka der Wellenreiter und Gleitschirmflieger. Überwiegend lange Wellen und Left-Handers – von rechts nach links auslaufende Wellen – rollen ans Ufer, nichts für Ungeübte, denn das Riff liegt sehr nah unter der Wasseroberfläche. Jedoch Vorsicht! Da es in den letzten Jahren mehrfach zu Haiattacken kam, sollte man sich spätestens vor Ort über die Surfmöglichkeiten erkundigen.

Wenn der Wind nicht zu stark ist, starten täglich Hunderte von Gleitschirmfliegern in den Höhen von St-Leu zu einem Flug. Sie landen meist am Strand neben dem Schildkrötenobservatorium Kelonia – ein sehens- und erlebenswertes Schauspiel. Tandemflüge werden täglich von verschiedenen Flugschulen angeboten › S. 38. Ziel des Forschungszentrums **Kélonia-Observatorium für Meeresschildkröten** ist es, den Tieren auf Réunion wieder zu Eiablageplätzen zu verhelfen und verletzte Schildkröten zu pflegen (Tel.

02 62 34 81 10, www.museesreuni
on.re/kelonia, tgl. 9–18 Uhr).

Zur Zeit des florierenden Kaffee-handels zwischen der Île Bourbon, Mauritius und dem Mutterland war St-Leu die reichste Gemeinde auf der Insel. Ein Zeugnis vergangenen Wohlstands ist das mit Schindeln aus Tamarindenholz gedeckte Dach des alten Rathauses, ein ehemaliges Gebäude der Ostindien-Kompanie. Jedes Jahr am 19. September pilgern Tausende gläubige Katholiken aus ganz Réunion zur Wallfahrts-kirche **Notre-Dame-de-la-Salette,** wo sie um Schutz vor Krankheit und Not bitten.

HOTEL

Blue Margouillat €€€
Elegante Oase der Ruhe abseits der Haupt-straße mit wunderschönem Ausblick. Mit Pool und vorzüglichem Restaurant.
• Impasse Jean-Albany | St-Leu
  Tel. 02 62 34 64 00
  www.blue-margouillat.com

STELLA MATUTINA 8 🏛 a4

Auf der Strecke zur südlichen Auto-bahnauffahrt von St-Leu befindet sich in einer ehemaligen Zuckerfa-brik das interessante **Museum Stel-la Matutina,** das sich der Geschich-te der Zuckerproduktion der Insel widmet (Mo 13–17.30, Di–So 9.30 bis 17.30 Uhr, Tel. 02 62 34 59 60).

MUSÉE DU SEL 9 🏛 a4

Weiter südlich passiert man die Sa-line an der Pointe au Sel, hier wid-met sich das kleine Museum dem

Thema Salz. Ein Rundgang über die Klippen ist wunderschön (Tel. 02 62 34 67 00, Di–So 9.30–17 Uhr).

LE SOUFFLEUR 10 🏛 a4

Der Wind peitscht den Ozean in die Felsenhöhlen von Le Souffleur auf halber Strecke nach Étang-Salé-les-Bains und lässt ihn zu pfeifenden Fontänen hochschießen. Kein Riff schützt die Küste hier im Südwes-ten, das hat schon manchem Klip-penkletterer das Leben gekostet.

ÉTANG-SALÉ-LES-BAINS 11 🏛 b5

Vor dem hübschen, lang gestreckten Badeort beginnt ein langer dunkler Sandstrand, an dessen Südende man weitgehend gefahrlos ins Was-ser gehen kann. Hier befindet sich auch der Wasserpark Akoatys (Tel. 06 92 91 49 14, www.akoatys.com).

Im Ortsteil Étang-Salé-les-Hauts hat der **Croc Parc,** eine Krokodil-farm, ihre Zelte aufgeschlagen, wo aus Madagaskar importierte Nilkro-kodile, Enten und Pfaue gehalten werden. Angeschlossen sind ein Modelldorf mit Rathaus, Post, Kir-che, Laden und Snackbar sowie eine Reitbahn und Minigolfanlage (1, route forestière, Tel. 02 62 91 40 41, www.crocparc.re, tgl. 10–17.30, Füt-terung Mi, So um 16 Uhr).

HOTEL

Le Floralys Caro Beach €€
Freundliche Zimmer in 12 Bungalows rund um einen großen Pool, 150 m vom Strand,

mit dazugehörigem Wasserpark und kreolisch-mediterranem Restaurant.

• 2, ave de l'Océan | Étang-Salé-le-Bains
  Tel. 02 62 91 79 79
  www.hotel-floralys.com

RESTAURANT

L'Eté Indien €
Kreolische und französische Küche,
gutes Eis.

• 1 rue des Salines | Étang-Salé-le-Bains
  Tel. 02 62 26 67 33 | Mo geschl.

LES MAKES 12 ▮ b4 UND LA FENÊTRE 13 ▮ c4

Dieser Aussichtspunkt in den Höhen des Ortes **Les Makes** bietet einen fantastischen Blick über den Cirque de Cilaos › **S. 126**, und seine tiefen Täler und bizarren vulkanischen Felsformationen. Von St-Louis fährt man zunächst in Richtung Les Makes und folgt dann den Schildern nach La Fenêtre; die Straße endet bei einem Parkplatz. Es empfiehlt sich, frühmorgens (und nur bei gutem, wolkenlosem Wetter) zu starten, die Sicht ist meist zwischen 8 und 9 Uhr am besten.

Auf der Rückfahrt lohnt ein Abstecher zur auf 1000 m Höhe gelegenen Sternwarte **Observatoire Astronomique** in Les Makes (Tel. 02 62 37 86 83, Führung tgl. um 9.30 Uhr, abends auf Reservierung).

CILAOS 14 ▮ c3

Der Ort Cilaos ist bekannt für hübsche Stickereiarbeiten. Im **Maison de la Broderie** (4, rue des Ecoles, Tel. 02 62 31 77 48, Mo–Sa 9.30 bis 17 Uhr) werden junge Frauen in dieser Kunst ausgebildet. Hier kann man einigen von ihnen auch bei der Arbeit zuschauen oder eines der

Cilaos ist Ausgangspunkt verschiedener sehr schöner Wanderungen

kleinen Werke kaufen. Das Museum **Chai de Cilaos** informiert über die Herstellung des Weins Vin de Cilaos und bietet auch Verköstigungen an (34, rue des Glycines, Tel. 02 6 31 79 69).

Wer sich ein angenehmes Thermalbad oder eine Massage gönnen möchte, ist im **Thermalzentrum Irénée Accot** bestens aufgehoben (Route de Bras-Sec, Voranmeldung Tel. 02 62 31 72 27, im Juni geschl.).

INFOS

Office de Tourisme du Sud
Informationen über Wanderwege, Aktivitäten, Reservierung von Hütten.
• 2, rue Mac-Auliffe | Cilaos
  Tel. 08 20 20 32 20
  www.sudreuniontourisme.fr | Mo–Sa
  8.30–12.30, 13.30–17.30, So/Fei 9–12 Uhr

HOTELS

La Case Nyala €€
Gasthaus im kreolischen Stil mit fünf charmanten Zimmern.
• 8, ruelle des Lianes | Cilaos
  Tel. 09 74 56 02 69
  www.case-nyala.fr

Le Tsilaosa €€
Hotel in einem typisch kreolischen Haus im Ortszentrum.
• Rue du Père Boiteau | Cilaos
  Tel. 02 62 37 39 39
  www.tsilaosa.com

Le Vieux Cep €€
45 gemütliche Zimmer und Pool; Restaurant mit landestypischen Gerichten.
• 2, rue des Trois Mares | Cilaos
  Tel. 02 62 31 71 89
  www.levieuxcep.fr

PITON DES NEIGES 15 ◧ c3

Steil und anstrengend ist der kürzeste Anstieg auf den Piton des Neiges (3070 m), der im Cirque de Cilaos beginnt (8 km, 4 Std.). Die längere, dafür aber auch sanftere Variante startet am Plaine des Cafres (17 km, 6 Std.). Die beiden Anmärsche von Hell-Bourg im Cirque de Salazie verlangen einiges an Erfahrung und Kondition (7/9 Std., anspruchsvoll). › mehr S. 12 Punkt ❻

CIRQUES-TOUR ◧ c3–5

Cirques heißen die drei tiefen Talkessel von **Cilaos, Salazie** und **Mafate,** die wie ein Kleeblatt um den Piton des Neiges liegen. Als dessen vulkanische Tätigkeit erlosch, sackte der Boden um den herausragenden Schlot ab und es entstand ein Kunstwerk aus Lavagestein, umrankt von sattem Grün. Ein dichtes Netz von gut markierten Wegen führt von Cirque zu Cirque; zahlreiche Hütten bieten Unterkunft. Eine schöne Wanderung führt vom Col des Boeufs im **Cirque de Salazie** über La Nouvelle nach Marla und weiter über den Col du Taïbit nach Cilaos im **Cirque de Cilaos** (2 Tage, 14 km, 9 Std., mittel).

EXOTICA 16 ◧ c5

Kuriose Gartenanlage mit mehr als 5000 Gewächsarten, deren Pfade Kakteen, Dinosaurier, Drachen und Riesenfrösche aus Pappmaschee säumen (Tel. 02 62 35 65 45, Di–So 9 bis 12, 13.30–17 Uhr).

RÉUNION: DER SÜDEN UND OSTEN

Dem aktiven Vulkan Piton de
la Fournaise auf Réunion zollt die
Bevölkerung großen Respekt

Im dem Wind ausgesetzten Südosten Réunions sind die Lebensbedingungen rau und das Leben der Menschen noch ursprünglich. Der sehr aktive Piton de la Fournaise spuckt immer wieder Lava, mitunter bis ins Meer.

Der Osten zählt zu den fruchtbarsten Teilen Réunions und wird intensiv für den Anbau von Zuckerrohr genutzt. Bis über 4 m hoch wachsen hier die braungrünen Stangen und sind als erste der Insel im Juni/Juli reif. Ebenso wie die hiesigen Küstengebiete viel mehr Regen als jene im Westen erhalten, ist auch der im Osten gelegene Cirque de Salazie der niederschlagreichste der drei Talkessel, mit zahlreichen Wasserfällen, grün umrankten Steilwänden und viel Gemüseanbau. Mehrere sehenswerte Herrenhäuser und Gärten wie Le Grand Hazier, die Residenz eines der reichen Zuckerbarone aus dem 18. Jh. in Ste-Suzanne, oder die Villa Folio in Hell-Bourg stehen Besuchern offen. Die Küste präsentiert sich rau und wild; anstatt Sand werden hier große Vulkansteine von den Wellen umspült. Das Hochland verschwindet oft tagelang in Wolken, und so gedeihen hier dichte, geheimnisvolle Primärwälder voller Tamarinden, Orchideen, Moos und Baumfarne.

Relativ unbehelligt vom Tourismus hat sich im tiefen Süden das ursprüngliche Réunion erhalten. Bunt gestrichene, blumengeschmückte *cases créoles* aus Wellblech stehen am Wegesrand, aus denen Séga-Klänge tönen, und in den Gärten wachsen Vanille und Bananen, Papayas, Litschis und Mangos in Hülle und Fülle.

Hell-Bourg liegt von Felswänden umgeben im Cirque de Salazie

TOUREN IN DER REGION

CIRQUE DE SALAZIE

> **ROUTE:** St-André › Salazie › Hell-Bourg › Wanderung zum Forêt de Bélouve
>
> **KARTE:** Seite 131
> **LÄNGE:** 2 Tage
> **PRAKTISCHE HINWEISE:**
> • Es empfiehlt sich eine Übernachtung im schönen kreolischen Ort Hell-Bourg, sodass man früh am nächsten Morgen, bevor Wolken den Himmel verdecken, zu einer Wanderung aufbrechen kann.
> • Regenschutz sollte immer dabei sein, und gutes Schuhwerk ist ein Muss, denn im feuchtesten der Cirques sind die Wege rutschig und es regnet fast täglich.

TOUR-START:

Von **St-André** **1** › S. 133 erreicht man den Talkessel von Salazie auf der D 48. Vorbei an Zuckerrohrplantagen geht es in die enge Schlucht der Rivière du Mât. Nach 20-minütiger Fahrt rückt der Piton des Neiges ins Blickfeld, bald darauf der kleine Ort **Salazie,** der von den hohen Türmen der katholischen Kirche Notre-Dame überragt wird. Kurz nach dem Ort breiten sich die Wasserläufe der eindrucksvollen

Cascades du Voile de la Mariée wie ein Brautschleier auf den Felsen aus. › mehr S. 15 Punkt **26** Der **Cirque de Salazie** ist mit einer Ausdehnung von 12 × 9 km der größte auf der Insel; er wird von zwei Stichstraßen erschlossen. Eine führt von Salazie zum 1100 m hoch gelegenen Hell-Bourg, die andere nach Grand Îlet, einem weit gestreuten Bauerndorf. Hier beginnt ein steiler Pfad auf den Berg Roche Écrite (2277 m). Für Wanderungen in den **Cirque de Mafate** fährt man auf der Straße noch etwas weiter bis zum Parkplatz Bord Martin bei Le Bélier. Ab hier geht es auf einem guten Wanderweg über den Col de Fourche (1942 m) bis La Nouvelle (Tagestour, dort Übernachtungsmöglichkeit), weitere Wege führen nach Marla.

Hell-Bourg bietet die reizvollere Variante; es ist ein ruhiges Bergdorf mit kreolischen Häusern und üppigen Gärten. Versäumen Sie nicht, die Villa Folio mit ihrem schönen Garten zu besuchen. Hell-Bourg ist auch ein ausgezeichneter Startpunkt für ein- oder mehrtägige **Bergtouren.** Gut markierte Wege führen z.B. zum Piton d'Enchaing (1352 m), zum Piton des Neiges (3070 m) › S. 126 oder zum **Forêt de Bélouve.** Letztere Wanderung ist allein wegen der Aussicht über den Cirque und aufgrund der wunderschönen Vegetation sehr empfehlenswert. Der Weg beginnt im Ortskern und führt auf kleinen Pfaden zwischen Häusern hindurch und an einem mit riesigen Bambusstauden gesäumten Bach entlang bis zu einem Parkplatz. Ab hier erklimmt man in ca. 1,5 Std. die etwa 350 m hohe Cirquewand. Oben angekommen, stoßen Sie auf die urige Hütte **Gîte de Bélouve,** in der Sie auch nächtigen und auf Voranmeldung kreolisch speisen können. › mehr S. 12 Punkt ⑧

TOUR 12

ZU SEEN, WASSERFÄLLEN UND IN DEN URWALD

ROUTE: St-Benoît › Grand Étang › La Plaine-des-Palmistes › Forêt de Bélouve › Trou de Fer

KARTE: Seite 131
LÄNGE: 2 Tage
PRAKTISCHE HINWEISE:
- Es lohnt sich, am Beginn der Forststraße das Auto stehen zu lassen und mit dem Rad oder Mountainbike weiterzufahren. Immer wieder zweigen Wege in den Wald ab.
- Für die anspruchsvolle Wanderung zum Trou de Fer sind rutschfeste, knöchelhohe Stiefel unbedingt erforderlich. Es geht durch schlammiges Gelände.
- Man sollte nur bei gutem Wetter starten, da man sonst Gefahr läuft, an dem ohnehin nicht sehr gute Sicht bietenden Aussichtspunkt über das Trou de Fer in eine Nebelwand zu schauen.

TOUR-START:

Die Tour führt von **St-Benoît** ⑤ ins grüne Herz der Insel auf die mit Jahrtausendealten Bäumen und Sträuchern bewachsene Hochebene, auf der sich ausgedehnte Primärwälder erstrecken. Auf ihrem Weg von der Küste nach Plaine-des-Palmistes wird die Straße zunehmend schmaler und kurvenreicher. Nach etwa 6 km weisen Schilder zum **Grand Étang,** einem sumpfigen Süßwassersee in einem tiefen Tal; Mückenschutz zahlt sich hier aus. Ein schlüpfriger Weg führt um den See herum, der dank seiner Abgeschiedenheit ein wenig verwunschen wirkt. Zurück auf der Hauptquerverbindung über die Insel erklimmt die Straße nun in zahllosen Serpentinen die Hochebene und man gelangt nach **La Plaine-des-Palmistes.** Der Ort wirkt recht ausgestorben; die Pflanzen ranken sich in solcher Windeseile die Wände der Häuser hinauf, dass der Eindruck entsteht, als wären sie unbewohnt. Er galt schon im 19. Jh. als beliebter Rückzugsort reicher Städter vor der Hitze der Küstengebiete. Auch heute noch befinden sich hier viele Wochenendresidenzen.

Die Route forestière Nr. 2 in Richtung La Petite Plaine führt über den **Col de Bébour** (1411 m) in den **Forêt de Bélouve,** ein Waldgebiet, an dessen Abbruchkante zum Cirque de Salazie sich eine einsame Berghütte befindet. Die Autopiste wird von freitags 12 Uhr bis montags 7 Uhr sowie an Feiertagen rund 2 km vor der Berghütte gesperrt. Dann geht man etwa 20 Min. bis zur

TOUREN AUF RÉUNION, SÜDEN UND OSTEN

TOUR 11

CIRQUE DE SALAZIE

St-André › Salazie › Hell-Bourg › Forêt de Bélouve

TOUR 12

ZU SEEN, WASSERFÄLLEN UND IN DEN URWALD

St-Benoît › Grand Étang › La Plaine des Palmistes › Forêt de Bélouve › Trou de Fer

TOUR 13

RUND UM DEN PITON DE LA FOURNAISE

St-Pierre › Le Tampon › Bourg-Murat › Plaine des Sables › Piton de la Fournaise

Hütte und 10 Min. zum Aussichtspunkt. Die Strecke ist auch für Radtouren sehr geeignet.

Die mittelschwere Wanderung (ca. 4 Std. für Hin- und Rückweg) auf einem feucht-rutschigen Wanderpfad zum wasserfallgesäumten Talkessel **Trou de Fer** ist empfehlenswert. Der Weg zweigt rechts von der Straße zwischen Wochenend-Parkplatz und Berghütte ab. Hier wachsen die schönsten Baumfarne und Tamarinden. Der Réunionschmätzer *(tec-tec),* ein Sperlingsvogel, kann hier gesichtet werden.

RUND UM DEN PITON DE LA FOURNAISE ⭐10

ROUTE: St-Pierre › Le Tampon › Bourg-Murat › Plaine des Sables › Piton de la Fournaise

---

KARTE: Seite 131
LÄNGE: 1 Tag mit Wanderung
PRAKTISCHE HINWEISE:
- Um den Vulkan wolkenfrei zu erleben, sollte man sich bei gutem Wetter frühmorgens von St-Pierre auf den Weg machen – mit Proviant, Getränken, Sonnen- und Regenschutz und festen Schuhen.
- Den weißen Markierungen folgen, denn durch Wetterumschwünge kann in kurzer Zeit die Sicht so stark beeinträcht werden, dass eine Orientierung unmöglich ist.

TOUR-START:

Die Tour führt zum letzten aktiven Vulkan der Insel, dem Piton de la Fournaise, der nach einer längeren Ruhepause seit 1998 mehrfach im Jahr Lava spuckt. Unterwegs durchfahren Sie **Le Tampon,** eine 1725 gegründete Gemeinde mit alten kreolischen Villen. Die kleineren Ortschaften beiderseits der Nationalstraße N 3 sind entsprechend der Entfernung von St-Pierre nur mit Kilometerangaben benannt. Es geht stetig in Kurven bergan durch kleine Siedlungen bis in den Ort **Bourg-Murat,** wo die 30 km lange **Route du Volcan** abzweigt. Wer sich über das Thema Vulkanismus und die Entstehung der Insel Réunion informieren möchte, sollte hier unbedingt **La Cité du Volcan** › S. 139 besuchen. Bisher haben die vielen Ausbrüche des Feuerbergs keine Menschenleben gefordert; das dichte Netz der Seismografen soll dies auch weiterhin gewährleisten. Mit steigender Höhe geht die Berglandschaft mit Weiden, Nadelbäumen und Heidekraut an der **Plaine des Sables** abrupt in eine kahle, raue Mondlandschaft über. Am Aussichtspunkt **Nez de Bœuf** öffnet sich tief unten das Flusstal der Rivière des Remparts. Die Fahrt endet nach einer schlechten Wegstrecke am Parkplatz **Pas de Bellecombe.** Hier steht Wanderern eine Hütte für eine Übernachtung zur Verfügung (Tel. 02 62 21 28 96).

Von der Aussichtsplattform hat man einen einzigartigen Blick in die **Caldera Enclos Fouqué** – ein riesiger Krater von 14 km Durchmesser

Die Lavalandschaft Plaine des Sables am Piton de la Fournaise

voller erstarrter Lavaströme und aufgeworfener Kraterränder unterschiedlichsten Alters. Durch diese urzeitlich anmutende Landschaft konnte man bis April 2007 rund um die Hauptkrater des **Piton de la Fournaise** (2510 m) wandern, nach bedeutenden Einstürzen im Bereich des Gipfels wurde der Weg geändert und führt nun zu einem Aussichtspunkt am Kraterrand. Der steile Fußweg führt zunächst in Serpentinen hinab in die Caldera zum kleinen Krater Formica Léo (45 Min.). Nächstes Ziel ist die Höhle Chapelle de Rosemont. Ab hier steigt der Weg steil an zur Abbruchkante des inneren Kraters. Nach der anstrengenden Bezwingung des Gipfels kann man bei schönem Wetter den Blick über die verschiedenfarbige Lava in diversen Formen genießen

UNTERWEGS IM OSTEN UND SÜDEN

ST-ANDRÉ **1** 📖 d/e2

Die Stadt war schon immer eine Hochburg der Zuckerindustrie. Im 19. Jh. kamen deshalb viele indische Arbeiter hierher, die immer noch den Großteil der Bevölkerung stellen. Es gibt mehrere farbenprächtige Tempel, in denen viele Feste gefeiert werden. Im Ortsteil Bois Rouge steht eine der letzten zwei aktiven Zuckerrohr-Produktionseinheiten der Insel, die **Distillerie de Savanna et Sucrerie Bois-Rouge**

(Besichtigungstermin vereinbaren Tel. 02 62 58 59 74, www.distillerie savanna.com, Führungen nur in Französisch). Im Laden gibt es die hier erzeugten Rumsorten und Zuckerprodukte zu kaufen.

Le Colosse, einer der schönsten und größten tamilischen Tempel der Insel, liegt außerhalb der Stadt direkt an der Küste. Touristen ist der Zutritt zu den Innenräumen nicht gestattet. Hingegen finden im bunten **Temple du Petit Bazar** im Stadtzentrum Führungen in Französisch statt (Anmeldung Tel. 06 92 79 19 01).

In der Nähe des Colosse liegt der Vergnügungspark **Parc du Colosse** mit Picknickplätzen im Schatten, Spielplatz und Wasserrutschen. Das historische Herrenhaus **Maison Martin Valliamée** kann im Rahmen einer Führung besichtigt werden. Hier arbeitet das **Office de tourisme de Saint André** (1590, chemin du Centre, Tel. 02 62 46 16 16, www. reunionest.fr, Mo–Sa 9–17 Uhr).

BRAS PANON **2** 📗 e2

Seit der Entdeckung der künstlichen Befruchtung der Vanillepflanzen 1841 gehören die duftenden Schoten zu den wichtigsten Exportgütern von Réunion. Gleich am südlichen Ortsrand von Bras Panon und an der Schnellstraße weisen Schilder auf die **Coopérative de Vanille** **11** hin. Interessierte erfahren hier alles Wissenswerte über die Vanille (Tel. 02 62 51 102, www. provanille.fr, Mo–Sa, Fei 8.30–12, 14–17 Uhr). › mehr S. 17 Punkt **36**

BASSIN DE LA PAIX **3**, BASSIN DE LA MER **4** ⭐**12** 📗 e2

Blaue Schilder weisen zu den tiefblauen Becken Bassin de la Paix und Bassin de la Mer, in die aus Gebirgsbächen gespeiste Wasserfälle stürzen. Die Straße endet nach etwa 2 km an einem Parkplatz oberhalb des **Bassin de la Paix**. Der Weg zum Ufer des Beckens ist leider gesperrt, jedoch lohnt schon allein der Blick darauf – vor allem von der Brücke über das Flüsschen. Vom ersten Bassin führt eine herrliche Wanderung durch sanft ansteigendes Gelände entlang dem Flüsschen Rivière des Roches zum **Bassin de la Mer,** dessen kristallklares Wasser nach steilem Abstieg zum Ufer eine herrliche Erfrischung bietet. Da der Weg teilweise durch sumpfiges Gelände führt, wählen Sie am besten festes Schuhwerk – und vergessen Sie die Badesachen nicht!

ST-BENOÎT **5** 📗 e2/3 UND STE-ANNE **6** 📗 e3

Die moderne Stadt **St-Benoît** wirkt seit dem Großfeuer im Jahr 1950 gesichtslos. Vom traditionellen Zuckerrohranbau dieser Region zeugen noch die Schlote alter Zuckerfabriken. Südlich von St-Benoît liegt der kleine Ort **Ste-Anne.** In seinem Zentrum errichtete der elsässische Priester Domberger von 1922 bis 1940 eine imposante Kirche, deren Fassade und Innenraum reich mit

Figuren und bunten Ornamenten dekoriert sind. Sie diente als Kulisse für eine Szene des Films »Das Geheimnis der falschen Braut«, den der französische Regisseur François Truffaut 1968 mit Catherine Deneuve und Jean Paul Belmondo auf Réunion drehte. Neben der Kirche befindet sich ein guter Andenkenladen.

RESTAURANTS

Diana Dea Lodge €€€
Hotelanlage abseits der Straße mit kreolischem Restaurant und Meerblick.
• 94, Chemin Helvetia Cambourg
 Ste-Anne | Tel. 02 62 20 02 02
 www.diana-dea-lodge.re/de/

Le Paradisier €€
Kreolische Küche in urwaldähnlichem Waldgebiet am Ufer eines Flusses.
• 400, Chemin Maurice Brasier
 St-Benoît | Tel. 06 92 18 00 19

STE-ROSE 7 ◀ f3

Auf dem Weg nach Ste-Rose überquert man den Fluss Rivière de l'Est, der sich durch eine imposante Schlucht zum Meer windet. Die mit 110 m einst eine der längsten Hängebrücken der Welt *(pont suspendu)* über das tiefe Flusstal entwarf das Architekturbüro Eiffel 1894. Sie ist heute auch für Fußgänger gesperrt, der Verkehr führt über die parallel verlaufende neue Brücke. › mehr S. 16 Punkt 29 Im Ort lohnt ein Abstecher zur Marina, an der Fischer unter abenteuerlichen Bedingungen aufs Meer hinausfahren. Selbst der Bau eines kleinen Hafenbeckens konnte die Macht des Meeres nicht brechen.

PITON STE-ROSE 8 ◀ f4

In dem Städtchen Piton Ste-Rose mit seinen alten kreolischen Häuschen steht die Kirche **Notre-Dame-des-Laves,** die bei dem Vulkanausbruch von 1977 verschont blieb. Glühende Lava floss vom Piton de la Fournaise auf den Ort zu. Die Häuser wurden geräumt, und alle bangten: Wen wird es diesmal treffen? Wie durch ein Wunder teilte sich der Strom vor dem Gotteshaus, die Lava floss um den Bau herum und nur wenig drang ins Innere. Ein Zufall? Daran mag hier keiner glauben; seither heißt die Kirche Notre-Dame-des-Laves.

RESTAURANT

L'Auberge Créole €€–€€€
Kreolische Hausmannskost mit feinen Fischgerichten.
• Chemin du Case | Ste-Anne
 Tel. 02 62 51 10 10 | Di und Do–Sa

AUSFLUG ZUR ANSE DES CASCADES 9 ◀ f4

Ein paar Kilometer südlich von Ste-Rose bilden die Wasserfälle und das Pinienwäldchen an der Anse des Cascades ein beliebtes Ausflugsziel. › mehr S. 12 Punkt 10 In der Bucht treffen sich gegen 10 Uhr die Fischer und verkaufen ihren Fang; am Wochenende ist hier kaum noch ein Schattenplätzchen frei und die Parkplätze sind überfüllt. Die halbe Bevölkerung des Südens scheint sich hier zum Picknick zu treffen – ein lohnendes Ziel für alle, die kreolische Lebensart einmal hautnah erleben möchten.

POINTE DE LA TABLE 10 📷 f5

Hinter **Bois Blanc** auf dem Weg nach St-Philippe bestimmen die Lavaströme des Piton de la Fournaise das Landschaftsbild. Während Wind und Meer bereits am Lavagestein nagen, erkennt man die Spuren der Vulkanausbrüche von 2003 und 2005 gleich bei der Einfahrt in den Kraterbereich. Eine bis zu 3 m hohe Lavaschicht bedeckt die ehemalige Küstenstraße und den Platz, an dem einst die Statue der Vierge au Parasol (Jungfrau mit dem Sonnenschirm) stand, die die Menschen vor dem Vulkan behüten sollte!

An der südlichen Abbruchkante des Kraterbereichs, kurz vor der Ortschaft Tremblet, flossen erst im April 2007 riesige Lavaströme ins Meer. Bei einem kurzen Abstecher zum Meer kann man an der Pointe de la Table die Gewalt der Ausbrüche von 1986, 2003 und 2005 erahnen, die Réunion um etwa 25 ha vergrößerten.

SHOPPING

L'Escale Bleue – Atelier Vanille
Hier kann man feinste Vanille und Vanilleprodukte kaufen und auf einer Führung von Aimé und Nicole Leichnig viel über die Kultivierung der innovative blauen Vanille (Vanille Bleue) erfahren, die in Brüssel mit drei goldenen Sternen des Superior Taste Award ausgezeichnet wurde.
• 8 km nordöstlich von St-Philippe, links an der Straße nach Piton Ste-Rose 7, RN2 | Tremblet | Tel. 02 62 37 03 99 www.escale-bleue.fr

RÉSERVE NATIONALE DE MRE-LONGUE 11 📷 e/f5

St-Philippe ist eine kleine Stadt inmitten üppiger Vegetation. Ein kurviger Weg zweigt 2 km südlich von St-Philippe bei Mare Longue nach Norden ab; er führt in das **Réserve Nationale de Mare-Longue** mit Ebenholzbäumen, Vacoas, Riesenfarnen und Orchideen. Zum Naturreservat gehört die ca. 3 ha große **Jardin des Parfums et des Epices,** in dem eine Führung auch ohne Französischkenntnisse Spaß macht, da die Wohlgerüche der Pflanzen oft Erklärung genug sind: Kardamom, Gewürznelken, Muskatnuss, Zitronengras und Kurkumawurzeln, die wegen ihrer gelben Farbe manchen als Ersatz für Safran dienen. > mehr S. 18 Punkt 39 Weiterhin Litschibäume, Vétiver, Vanille und Palmiste Rouge, deren Mark zum Millionärssalat verarbeitet wird, lernt man in ihrer natürlichen Umgebung kennen. An Pfeffersträuchern wachsen die Früchte des Schwarzen Pfeffers, die je nach Erntezeitpunkt weiß, grün oder schwarz sein können (Führungen, Anmeldung am Vortag, Tel. 02 62 37 06 36, www.jardin-parfums-epices.com).

HOTEL

Le crabe sous la varangue €€
Extravagantes Haus in üppiger tropischer Vegetation, das einer ehemaligen Pariser Bühnenbildnerin gehört. Sehr gute Mahlzeiten. Mitte Juli bis Ende Aug. geschl.
• 1, RN2 | Le Tremblet | Tel. 02 62 98 91 85 www.crabevarangue.canalblog.com

RESTAURANT

La Marmite du pêcheur €€

Sonntags traditionelles kreolisches Büfett – Reservierung empfohlen. Toller Fischtopf, Jakobsmuscheln, Hummer sowie leckere Desserts.

• 18, RN2 | Ravine Ango
Tel. 02 62 37 01 01
www.lamarmitedupecheur.re
Do–Di nur mittags

ST-JOSEPH 12 🏛 d6

Der wildeste Küstenabschnitt der Insel reicht bis nach St-Joseph, wo der Ozean mit hoch aufschäumender Gischt auf die schroffen Lavabrocken schlägt. Von der Küstenstraße gewinnt man einen guten Eindruck von dieser wildromantischen Landschaft.

Das Provinzstädtchen St-Joseph an der Mündung der Rivière des Remparts hat sich mit **Flechtarbeiten aus den Blättern der Vacoapalme** (Schraubenbaum) einen Namen gemacht: Taschen, Hüte und Matten, die in Souvenirläden zum Verkauf stehen. Im Hinterland gedeihen Gewürze, Geranien und die Duftpflanze Vétiver, deren zu Büscheln gebundene Wurzeln als Duftspender in den Küchen der Einheimischen hängen.

In der **Maison du Curcuma** führt Familie Rivière Besucher in die Herstellung der Gelbwurz ein und verrät, wie es in der heimischen Küche verwendet wird, inkl. Verkostung (14, chemin du Rond, Plaine des Grègues, Tel. 02 62 37 54 66, www.maisonducurcuma.fr, tgl. 9 bis 12, 13.30–17 Uhr).

CASCADE DE LA GRANDE RAVINE 13 🏛 d5

3 km östlich von St-Joseph an der Bushaltestelle von La Balance zweigt die schmale Straße nach Norden ins Tal der Rivière Langevin ab. Entlang der Strecke (15 km) liegen Picknickplätze direkt am Ufer des Langevin, dessen klares Wasser zu einem Bad verlockt. Inmitten einer beeindruckenden Berglandschaft rauschen bei Grand Galet Wasserfälle in ein Bassin, in dem man jedoch nicht schwimmen kann.

GRANDE ANSE 14 🏛 c/d6

Der weiße Sandstrand von Grande Anse könnte von einer Postkarte stammen, er liegt idyllisch zwischen wilden Felsen und den Ruinen eines alten Kalkofens eingebettet. Doch leider kann man hier nicht im offenen Meer baden, sondern sich nur in einem kleinen, künstlich angelegten Meeresbecken erfrischen.

Vom Hügel Piton Grande Anse an der Straße, die zur Bucht führt, hat man einen wunderschönen Blick auf die Bucht und die Weite des Ozeans; ein kleiner Weg führt um den Felsen.

HOTEL

Palm Hotel & Spa €€€

Schöne Zimmer, guter Service, Spa und hervorragendes Essen im Hotelrestaurant Le Makassar ab 19 Uhr.

• Grande Anse
Tel. 02 62 56 30 30
www.palm.re

Das schmucke Rathaus in St-Pierre

ST-PIERRE 15 c5

Die ehemals wichtige Hafenstadt besitzt noch viele gut erhaltene kreolische Häuser. Das historische **Rathaus** diente einst der Ostindien-Kompanie als Kaffeespeicher. Der Samstagsmarkt auf der Küstenstraße ist das frühe Aufstehen wert. Ab 7 Uhr verkaufen die Bauern alles, was Garten, Feld und Stall hergeben. Neben Fisch umfasst das Angebot auch Kunsthandwerkliches. › mehr S. 15 Punkt 23

Die nahen Gotteshäuser zeugen von der unterschiedlichen Herkunft der Einwohner, allen voran die **Atjaboul-Massajid-Moschee** in der Rue François-de-Mahy. Als Fremder darf man einen Blick in den Innenraum werfen. In derselben Straße treffen sich die Chinesen in der **Guan-Di-Pagode.** Der neue tamilische Tempel **Narassingua Péroumal de Ravine Blanche** in der Rue Mahatma Gandhi am Stadtrand, dessen ockerfarben und ziegelrot bemalter Turm den Weg weist, ist wegen seiner Farbenpracht und des Figurenreichtums beeindruckend. Auf dem **Alten Friedhof** am Boulevard Hubert-Delisle fällt ein Grab ins Auge, auf dem mit Rum gefüllte Gläser stehen. Hier wurde der berüchtigte Raubmörder Sitarane beigesetzt. Vor seiner Hinrichtung 1911 nach seinem letzten Wunsch befragt, soll der Madagasse geäußert haben: »Ich hätte gern noch ein paar Menschen mehr umgebracht.« Einige Einheimische halten wohl an seinen Worten fest und erbitten mit Opfergaben seine Hilfe bei Problemen mit persönlichen Feinden.

INFO

Office de Tourisme
- Capitainerie du Port de Plaisance
  Place Napoléon Hoareau | St-Pierre
  Tel. 08 20 20 22 20
  www.sudreuniontourisme.fr
  Mo–Sa 9–12 und 13–16.45 Uhr

HOTELS

Villa Belle €€€

Der Barocksänger Erik Gruchet hat auf seiner Heimatinsel das Haus seiner Kindheit in eine mit erlesenem Geschmack eingerichtete Privatresidenz umgewandelt: zwei Zimmer im Kolonialstil auf einem künstlich angelegten Teich, drei kreolische Zimmer und eine fabelhafte Spa-Suite mit Jacuzzi und Dampfbad. Der Garten ist wunderschön.

• 45, rue Rodier | St-Pierre
Tel. 06 92 65 89 99, 06 92 87 40 80
www.villabelle.e-monsite.com

Le Vaïani €€

Schönes Ferienlogis mit komfortabel ausgestatteten Bungalows, Studios und einem Apartment. Pool mit Meerblick, Außenküche, freundlicher Service.

• 7 km nordwestl. von Saint-Pierre | 626, allée des Béliers | La Ravine-des-Cabris
Tel. 02 62 25 11 49 | www.le-vaiani.com

RESTAURANTS

Le Saint Hilaire €€€

Gourmetrestaurant mit französischer Küche in wunderbarem Garten im Zentrum von St-Pierre. Innovative Desserts.

• Rue Ibrahim Vally | St-Pierre
Tel. 06 92 68 86 03

Le Pittoresque €€

Preiswertes Mittagsmenü, abends wird es feiner: kreolische und französische Küche, sehr guter Fisch und saftige Pfeffersteaks.

• 33, rue Archambaud | St-Pierre
Tel. 02 62 35 17 77, 06 92 67 89 23
Mo–Sa mittags und abends

NIGHTLIFE

Channel Private Club

Der ehemalige Zaza Club ist nach wie vor die vielleicht heißeste Adresse von St-Pier-re. Die Tanzfläche ist stets überfüllt, und meist wird auch draußen Party gemacht.

• Place de la Mairie | St-Pierre
Tel. 06 92 29 18 04

EXOTICA 16 ▌ c5

6 km westlich von St-Pierre, an der D 26 Richtung Entre-Deux, liegt die Gartenanlage Exotica › S. 126. In der Nähe liegt der ethnobotanische Garten **Le Domaine du Café Grillé.**

PITON DE LA FOURNAISE 17 ▌ e4

Zu den Klassikern unter den Gipfeltouren zählt die Besteigung des noch tätigen Vulkans Piton de la Fournaise (2631 m), weniger hingegen die Erkundung seiner Umgebung. Herrliche Ausblicke auf den Vulkan und Lavaflüsse aus neuerer Zeit bietet der Pfad vom Pas de Bellecombe entlang des Kraterrandes Richtung Nez Coupé du Tremblet. Ebenso lohnt der Rundweg zum Morne Langevin oberhalb der Plaine des Sables an die Abbruchkanten der Flüsse Rivière Langevin und Remparts (4 Std., mittelschwer). › mehr S. 12 Punkt ❼ Kurze Abstecher zum Cratère Commerson und zum Piton de l'Eau versprechen beeindruckende Einblicke in die mondartige Vulkanlandschaft. Im Museum **La Cité du Volcan** in **Bourg-Murat** erklärt eine Ausstellung anschaulich das Phänomen der Vulkane und die Entstehung Réunions (Tel. 02 62 59 00 26, www.museesreunion.re, Mo 13–17, Di–So 9.30–17 Uhr).

EXTRA-
TOUREN

Typisch für Mauritius sind knallrote
Flamboyants, die die Straßen säumen

TOUR
14

EINE WOCHE RUND UM MAURITIUS –
BADEN UND KULTUR

ROUTE: Grand Baie/Péreybère › Trou aux Biches › Port Louis › Tamarin › Le Morne › Riambel › Mahébourg › Anse Jonchée › Trou d'Eau Douce › Île aux Cerfs › Belle Mare Plage

---

KARTE: Klappe hinten

DAUER: Die reine Fahrzeit beträgt 1 Tag; für die Erkundung der einzelnen Stationen sollte man jedoch mindestens 1 Woche veranschlagen.

VERKEHRSMITTEL: Für Tagesrundfahrten empfiehlt es sich, ein Taxi bzw. einen Wagen mit Fahrer zu mieten, da die Beschilderung oft spärlich und die Verkehrs-verhältnisse gewöhnungsbedürftig sind. Selbstfahrer benötigen mehr Zeit und eine gute Inselkarte. Wer mit öffentlichen Bussen unterwegs ist, sollte wegen der häufigen Stopps und unvermeidlichen Wartezeiten mindestens 10 Tage einplanen. Zwischen Trou d'Eau Douce und Belle Mare Plage sowie auf der Stichstraße zum Strand des Morne Brabant verkehren keine öffentlichen Busse.

Die Strecke folgt zunächst der Küste in Richtung Süden und passiert bei Mon Choisy einen beliebten öffentlichen Strand. Bei **Trou aux Biches** › S. 76 führt die Straße an Strandhotels vorbei und gestattet nur gelegentlich einen Blick aufs Meer, bevor sie landeinwärts in Richtung **Port Louis** › S. 72 abbiegt. Die Inselhauptstadt verdient einen längeren Besuch; vor allem am Morgen herrscht buntes Treiben auf dem Wochenmarkt und in den umliegenden Straßen des Stadtzentrums. An der **Caudan Waterfront** › S. 73 kann man bummeln und mit Blick auf den Hafen einkehren.

Die Route führt weiter nach Süden durch weite Zuckerrohrfelder, von denen man immer wieder Blicke auf die Küste erhascht, vorbei an Abzweigungen zu Küstenorten sowie zum **Casela World of Adventures** › S. 98, in dem neben anderen Tierarten auch Tausende Vögel zu bewundern sind. In der Ortschaft **Tamarin** › S. 98, an einer Flussmündung gelegen, trifft die Straße erneut auf die Küste. Wer mag, kann ein Bad in den Wellen nehmen, die hier durch einen Bruch in der Korallenbarriere aufs Land zurollen. Am südlichen Ende der Ortschaft fährt man an den letzten Salinen der Insel vorbei, in denen noch auf traditionelle Weise Meersalz gewonnen wird. In der Ferne erhebt sich schon auf einer Halbinsel die markante Silhouette des **Le Morne Brabant** › S. 94. Kurz vor Erreichen seiner steilen Flanken führt eine Stichstraße zum Weststrand der Halbinsel mit einigen Luxushotels. Die Küstenstraße wird nun nach Süden hin schmaler und weniger befahren. Sie windet sich an der oft noch naturbelassenen Küste entlang, vorbei an schwarzen Klippen, unbebauten Sandbuchten und durch kleine Fischerorte. Eine holprige Straße führt landeinwärts zu den beeindruckenden Wasserfällen **Rochester Falls** › S. 89. Bei Riambel befinden sich ein paar Hotels, ansonsten gibt es hier mangels Badestränden kaum Unterkünfte. Zwischen Souillac und Mahébourg führen immer wieder kleine Stichstraßen von der Hauptstrecke zum Meer, z. B. nach **Le Souffleur,** wo die Wellen das Wasser durch einen schmalen Kanal pressen und hochspritzen lassen.

Der beschilderte **La Vanille Naturepark** › S. 94 lässt sich auf einem spannenden Rundgang erkunden und bietet Einblicke in die dichte Vegetation dieser Region, in der auch Vanillepflanzen gedeihen. **Mahébourg** › S. 91 ist eine traditionelle kreolische Stadt mit bunten Läden, brummenden Bussen und einfachen Snackbars. Hinter dem Busbahnhof eröffnet sich ein wunderschöner Blick auf die blaue Lagune sowie die im Norden gelegenen Berge. Die gewundene Straße nach Norden folgt nun der felsigen Küste mit ihren vielen Flussmündungen und Mangrovenwäldchen; oft blickt man auf kleinere vorgelagerte Inseln, die allesamt unbewohnt sind.

In einem Seitental bei Anse Jonchée versteckt sich **Kestrel Valley,** ein großes Privatgebiet, in dem Javahirsche, Mauritius-Turmfalken und Wildschweine in den weiten Primärwäldern leben. Im kleinen Küstenort **Trou d'Eau Douce** › S. 84 starten die Bootsausflüge auf die **Île aux Cerfs** › S. 84, die für ihre herrlichen Strände und den Hotelgolfplatz bekannt ist. Nach Norden führt die Straße weiter zum Bilderbuchstrand von **Belle Mare** › S. 83, an dem wunderschöne Hotelanlagen, zwei der besten Golfplätze der Insel und einige Einkehrmöglichkeiten liegen.

Traumstrand auf der Île aux Cerfs

ZWEI WOCHEN MAURITIUS & RODRIGUES FÜR ENTDECKER

ROUTE: Mahébourg › Le Val › Cap Gris Gris › Le Morne Brabant › Tamarin › Flic en Flac › Port Louis › Mahébourg › Plaine Corail › Caverne Patate › Port Mathurin › Pointe Coton › Anse Mourouk

KARTE: Klappe hinten
DAUER: **Mauritius:** ca. 9 Tage; **Rodrigues:** ca. 5 Tage.
VERKEHRSMITTEL: Für die Fahrten auf Mauritius empfiehlt es sich, ein Taxi bzw. einen Wagen mit Fahrer zu mieten, da die Strecke durch kleine Orte führt und Beschilderungen weitgehend fehlen. Selbstfahrer benötigen eine gute Inselkarte. Diese Rundreise ist mit öffentlichen Verkehrsmitteln nicht möglich. Die Flüge (ca. 90 Min.) zwischen den Inseln müssen rechtzeitig im Voraus gebucht werden, da die Kapazitäten begrenzt sind. Für Abenteuerlustige bietet sich auch ein Schiffstransfer an (28–30 Std. einfache Fahrt).

Die Kombination der zwei mauritischen Inseln zeigt deren Vielseitigkeit auf. Auf Mauritius wird vor allem der Süden erkundet, in dem noch einige der ursprünglichen Wälder beheimatet sind. Vom ehemaligen Kolonialstädtchen **Mahébourg** › S. 91 führt die Route zum **Naturpark Le Val** › S. 92, wo man spazieren gehen und fischen kann. Von dort geht es über Nouvelle France, La Flora und Rivière des Anguilles in Richtung Südküste. Die Straße führt durch landwirtschaftlich geprägte Ortschaften; ein Abstecher zu den Teefeldern und der Teefabrik von **Bois Chéri** ist lohnenswert. Bei Souillac erreicht man die raue Südküste und folgt dieser wie in Tour 1 beschrieben bis zum **Morne Brabant** › S. 94, einem Strandparadies. Weiter geht es nach Norden durch Ortschaften, an deren Rändern moderne Wohngebiete und Supermärkte entstanden. Vor der Flussmündung der **Rivière Noire** › S. 96 finden Hochseefischer ein Gebiet mit vielen Großfischen vor. Hinter **Tamarin** › S. 98 verläuft die Straße im Landesinneren. Ein Abstecher an die Küste in den beliebten Badeort **Flic en Flac** › S. 97 ist empfehlenswert, bevor man der Hauptstadt **Port Louis** › S. 72 einen Besuch abstattet und von dort aus etwa 40 km über die Autobahn zurück zum Flughafen fährt.

Auf Rodrigues startet die Tour am Flughafen auf der Plaine Corail, wo man sich am besten von einem Reiseveranstalter abholen lässt. Nicht weit von hier liegt die Höhle **Caverne Patate** › S. 102 mit ihren beeindruckenden

Tropfsteinformationen. Vom Flughafen fährt man über La Fouche und La Ferme an die Nordküste und weiter durch kleine Ortschaften bis in die Hauptstadt **Port Mathurin** › S. 104, die man am besten bei einem kleinen Rundgang erkundet. Von hier führt die kurvige Straße ins hügelige Hinterland über Le Choux, Mont Lubin und Grand Montagne bis zur **Pointe Coton** › S. 106, dem östlichsten Zipfel der Insel mit Hotel und schönem Badestrand. Auf der gleichen Straße geht es zurück; hinter der Ortschaft Grand Montagne zweigt die Straße nach links in Richtung Latannier ab. Ein Abstecher führt in den kleinen Ort **Saint Gabriel,** wo eine große Kirche bezeugt, dass die Rodriguais zu 85 % gläubige Katholiken sind.

Weiter geht es nach Süden auf einer kurvigen Straße nach Port Sud-Est. Der Fotoapparat sollte bereit liegen, denn die Aussicht auf die Küste mit ihrer Lagune und der sich tiefblau abzeichnenden Fahrtrinne La Passe ist aus jeder der 52 Haarnadelkurven atemberaubend. Einige Kilometer östlich liegt Paté Reyneux an der schönen Bucht **Anse Mourouk** › S. 108, die dem hier angesiedelten Hotel seinen Namen gab. Auf dem gleichen Weg geht es zurück nach Port Sud-Est und nun immer weiter die Südküste entlang bis nach Petite Butte und von hier via La Fouche mit schöner Aussicht über die Plaine Corail zum Flughafen.

Abendstimmung auf der Hochebene bei Curepipe, Mauritius

TOUR
16

DREI WOCHEN INSELHÜPFEN IM INDISCHEN OZEAN: MAURITIUS, RODRIGUES & RÉUNION

> **ROUTE:** Mahébourg › Curepipe › Eureka › Port Louis › Pamplemousses › Grand Baie › Cap Malheureux › Mahébourg › Plaine Corail › Petit Gabriel › Anse Mourouk › St-Denis › St-Paul › St-Gilles › Le Maïdo › St-Louis › Cilaos › St-Pierre
>
> **KARTE:** Klappe hinten
> **DAUER:** Um einen umfassenden Eindruck von den drei Inseln zu erhalten, sollte man mindestens zwei, jedoch besser drei Wochen einplanen.
> **VERKEHRSMITTEL:** Air Mauritius und Air Austral bieten Rundflugtickets zum Besuch aller drei Inseln an, von St-Pierre starten mehrfach in der Woche Direktflüge nach Mauritius (alle Flüge unbedingt lange im Voraus buchen; besonders während der örtlichen Schulferien und an Wochenenden sind die Plätze begrenzt!). Auf Mauritius empfiehlt sich wegen der ungewohnten Verkehrsverhältnisse ein Taxi bzw. ein Mietwagen mit Fahrer, auf Rodrigues sollte man ein geländetaugliches Fahrzeug mit Fahrer wählen, während Réunion am besten mit einem wendigen Mietauto erkundet wird, da hier die Straßen sehr kurvig sind.

Von der alten Kolonialstadt **Mahébourg** › S. 91 oder direkt vom Flughafen aus geht es quer über die Insel auf der Autobahn nach **Curepipe** › S. 68, eine der bevölkerungsreichsten Städte des Hochlands mit oft regnerischem Wetter, aber hervorragender Auswahl an Boutiquen und Spezialgeschäften. Auf der Strecke nach Port Louis liegt nahe der Stadt Moka das gut restaurierte **Maison Créole Eureka** › S. 75 mit interessantem Garten und Museum. In der quirligen Hauptstadt Port Louis sollte man sich für ein paar Stunden umschauen, bevor es auf einer gut ausgebauten Straße nach **Pamplemousses** › S. 81 geht, das für seinen **Botanischen Garten** bekannt ist. Auch das **Zuckermuseum** in einer ehemaligen Zuckerfabrik ist sehr sehenswert.

Der Badeort **Grand Baie** › S. 77 mit zahlreichen Bars und Restaurants hat vielleicht nicht die schönsten Strände der Insel, aber zweifellos das lebhafteste Nachtleben. Weiter in Richtung Norden wird es ruhiger, an der rot gedeckten Kirche von **Cap Malheureux** schaut man übers türkisblaue Wasser auf die kleinen Inseln **Coin de Mire**, **Île Plate** und **Îlot Gabriel** › S. 81.

Wer viel Zeit im Gepäck hat, kann der Ostküste bis Mahébourg folgen, schneller geht es zurück auf der Autobahn bis zum Flughafen bei Plaisance. Nicht weit vom Flughafen auf der Plaine Corail auf Rodrigues befinden sich

Blick auf Port Louis vom Fort aus

die Tropfsteinhöhle **Caverne Patate** › S. 102 und der Korallensteinbruch **Carrière de Corail** › S. 102, die besichtigt werden können. Über die Ortschaften im Inselinneren führt die Strecke nach Saint Gabriel und windet sich dann in zahllosen Kurven zur Küste hinab (› Tour 7). An der Küste geht es weiter in Richtung Osten nach Paté Reyneux, wo am Ende der Straße die schöne Bucht **Anse Mourouk** › S. 108 mit einem kleinen Hotel liegt. Wer mag, kann auf der Küstenstraße über Port Sud-Est, Rivière Cocos, Petite Butte und La Fouche zum Flughafen zurückfahren. Von hier geht es per Flugzeug nach **St-Denis** › S. 114, der Hauptstadt von Réunion.

Entlang der Steilküste fährt man direkt am Meer entlang über La Possession auf der Schnellstraße bis nach **St-Paul** › S. 118. Das verträumte Örtchen liegt an einem schwarzen Sandstrand und lebt vor allem an Markttagen auf. Unterhalb von Steilklippen geht es über **Boucan-Canot** mit seinem schönen Badestrand in den lebhaften Urlaubsort **St-Gilles** › S. 119, an dessen südlichem Ende die größte Lagune der Insel beginnt. Über **St-Gilles-les-Hauts** › S. 122 und Le Guillaume führt eine kurvige Straße auf 2203 m zum Aussichtspunkt **Le Maïdo** › S. 122, von wo man einen spektakulären Blick in den **Cirque de Mafate** › S. 123 hat (früh aufstehen, da ab ca. 10 Uhr Wolken den Blick versperren!). Zurück an der Küste führt die Straße nach Süden durch die Ortschaften **St-Leu** › S. 123 und vorbei an **Étang-Salé-les-Bains** › S. 124 mit seinem wunderschönen schwarzen Sandstrand in das kleine Städtchen St-Louis, bei dem sich noch eine der letzten Zuckerrohrfabriken befindet. Hier zweigt eine schmale, sehr kurvige Straße in den **Cirque de Cilaos** › S. 126 ab. Vorsicht vor Steinschlag, vor allem bei und nach Regen! In der Ortschaft **Cilaos** › S. 125 auf dem Hochplateau starten viele Wanderwege, auf denen man die kühle Höhenluft und die wunderschöne Landschaft genießen kann. Zurück auf der gleichen Straße geht es über St-Louis und das Flussbett der Rivière St-Etienne in die zweitgrößte Stadt der Insel **St-Pierre** › S. 138.

ZWEI WOCHEN RÉUNION AUF SCHUSTERS RAPPEN

ROUTE: St-Denis > La Roche Ecrite > Dos d'Ane > Rivière des Galets > Mafate > Cilaos > Piton des Neiges > Hell-Bourg (Salazie) > Forêt de Bélouve > La Plaine-des-Palmistes > Piton de la Fournaise > St-Philippe

---

KARTE: Klappe hinten

DAUER: Je nach Kondition sollte man 10–15 Tage veranschlagen. Es empfiehlt sich, Ruhetage und längere Rasten einzulegen.

VERKEHRSMITTEL UND UNTERKÜNFTE: Zum Startpunkt der Tour im Stadtteil La Providence hinter den Büros des O.N.F. (Office Nationale de la Forêt) gelangt man mit Bus oder Taxi. Unterwegs besteht nur in Dos d'Ane, Cilaos, Hell-Bourg und auf der Plaine-des-Palmistes die Möglichkeit, in ein Taxi oder einen Bus einzusteigen. Der Weg endet bei St-Philippe, wo es Busverbindungen gibt. Alle Unterkünfte und Mahlzeiten in den Bergen müssen im Voraus gebucht werden (www.lebeau pays.com oder www.reunion.fr > S. 116, Buchungsbestätigung nicht vergessen!). In den Berghütten schläft man oft in Etagenbetten in Schlafsälen; in Pensionen sind auch Doppelzimmer verfügbar; gegessen wird am gemeinsamen Tisch. Informieren Sie sich unbedingt vorab auf www.explorelareunion.com über den Zustand der Wege! (Wanderkarten gibt es bei den Touristeninformationen und im Buchhandel.)

Die Wanderung folgt anfangs dem Fernwanderweg GR R2, der im Stadtviertel La Providence von **St-Denis** > S. 114 beginnt. Er führt stetig bergan bis zum hoch gelegenen Stadtteil Le Brulé (3 Std.), den Sie durchqueren, um nun der geteerten Forststraße bis zum Parkplatz Mamode Camp auf 1092 m Höhe zu folgen. Hier beginnt der Waldweg zur Berghütte auf der Plaine des Chicots (1839 m), der über etwa zwei Stunden durch verschiedene Vegetationszonen führt und sanft ansteigt. Den 1½-stündigen Aufstieg von der Hütte auf den Gipfel des **Roche Écrite** (2277 m) sollte man in den frühen Morgenstunden und ohne Gepäck angehen. Von hier eröffnet sich ein grandioser Blick in den Talkessel von Salazie und Teile von Mafate. Auf dem gleichen steinigen Pfad geht es zurück zur Hütte und von dort nach Westen durch dichtes Buschwerk in Richtung des Ortes **Dos d'Ane** (Pensionen), der auf einem Hochplateau liegt (12,8 km, 3 ½ Std.). Der Weg folgt der Cirque-Wand mit atemberaubenden Blicken in den unteren Teil des **Cirque de Ma-**

Der Piton des Neiges (Schneegipfel) ist der höchste Berg in Réunion

fate › S. 123, er ist teilweise glitschig und voller Wurzelwerk. Sie durchqueren Dos d'Ane mit seinen zahlreichen Gemüsegärten und folgen im unteren
Ortsteil der Beschilderung nach Deux Bras/Rivière des Galets. Der steile
Weg führt hinab in das Flusstal, von dort steigt er an in Richtung **Roche
Plate** (7–8 Std., Hütten). Er führt nun über 12 km auf und ab vorbei am
idyllischen Plätzchen Les Trois Roches nach **Marla** (5 Std., Hütten). Hinter
der kleinen Ansiedlung verlässt man den Cirque de Mafate nach dem kurzen, steilen Anstieg (ca. 1 Std.) zum Col du Taïbit (2083 m) und befindet
sich im **Cirque de Cilaos** › S. 126. Über einige kleine Hochebenen steigen Sie
in etwa 3 Std. zur Straße ab, die von Cilaos nach Îlet à Cordes führt. Sie
überqueren diese und folgen weiter dem abfallenden Weg in ein Flusstal, in
dem dann der steile Aufstieg zum Hauptort **Cilaos** › S. 125 beginnt (1 ½ Std.,
Hotels und Pensionen). Oberhalb der Ortschaft, an der Straße nach Bras
Sec, beginnt der Wanderweg auf den höchsten Gipfel der Insel, den **Piton
des Neiges** (3070 m) › S. 126. Der Weg verläuft über 5 km steil bergan, nach
etwa 5 Std. erreicht man die einfache Wanderhütte Gîte de la Caverne Dufour unterhalb des Gipfels. Der Aufstieg (ca. 1 ½–2 Std.) sollte frühmorgens
geschehen, bevor Wolken die Sicht in die Talkessel von Mafate und Cilaos
behindern.

Nach Rückkehr zur Hütte folgen Sie der Beschilderung nach Cap Anglais
und dann weiter nach Hell-Bourg im **Cirque de Salazie** › S. 126 (10 km,
5 Std.). Der Weg ist mühsam und rutschig, er führt stetig bergab. Im hübschen Ort **Hell-Bourg** › S. 129 lohnt ein längerer Aufenthalt. Vom Ortskern

wandert man über schmale Wege zur Cirque-Wand und diese im Zickzack hinauf zur Wanderhütte **Gîte de Bélouve** (4,8 km, 2 Std.), die auf einem Plateau liegt. Hier beginnt ein Abstecher zum Aussichtspunkt über das enge Tal **Trou de Fer** › S. 132, der sich als Tageswanderung anbietet (7 km hin und zurück, ca. 3 ½ Std.). Durch die dichten Primärwälder von Bélouve und Bébour, mit Anstieg auf deren Schnittstelle, den Col de Bébour (1640 m), führt eine lange Etappe bis zur Ortschaft **La Plaine-des-Palmistes** › S. 130 bzw. bis zum Ortsteil Petite Plaine (Pensionen); streckenweise verläuft der Weg auf der Forststraße (18,2 km, 5–6 Std.). In La Plaine-des-Palmistes führt ein eher selten begangener Weg zum **Piton Textor** (3 Std.) und von dort weiter über die **Plaine des Sables** › S. 132 bis zum Pas de Bellecombe, dem Aussichtspunkt auf den Kegel des Vulkans **Piton de la Fournaise** (6 Std.). Die lange Wanderung berührt unterschiedlichste Vegetations- und Landschaftszonen, sie führt durch fruchtbares Weideland und dichte Wälder bis zur kargen Mondlandschaft am Vulkan. Unterhalb des äußeren Kraterrands liegt eine schöne Hütte, hier starten verschiedene Wanderwege. Die Besteigung des Vulkangipfels (2631 m) ist nicht immer möglich. Die Tourroute führt auf der staubigen Straße zurück zum Beginn der Plaine des Sables und dort in Richtung Süden über Foc-Foc in die Wälder des **Vallée Heureuse**. Das Terrain ist rutschig, der mühsame Abstieg endet nach etwa 6 Std. auf einer Forststraße, die in die Ortschaft **Basse Vallée** (weitere 1 ½ Std.) führt; alternativ (etwa 2 Std. länger) kann man dem Fernwanderweg GR R2 bis nach Mare Longue kurz vor **St-Philippe** › S. 136 folgen. Die Inselüberquerung endet bei beiden Varianten nach der Überwindung von rund 125 km Strecke und 8000 Höhenmetern am Meer, wo Wellen gegen die rauen Lavaklippen schlagen.

NATUR & KULTUR, BERGE & MEER: ZWEI VIELSEITIGE WOCHEN AUF RÉUNION

ROUTE: Ste-Clotilde › Bras Panon › St-Benoît › Ste-Anne › Ste-Rose › St-Philippe › Cascade de la Grande Ravine › St-Joseph › Grand Anse › St-Pierre › Piton de la Fournaise › St-Louis › Cilaos › St-Leu › St-Gilles › St-Paul › La Possession › St-Denis

KARTE: Klappe hinten
DAUER: Eine Inselumfahrung ohne Stopps dauert ca. 6 Stunden, für die Gesamttour mit Abstechern sollte man jedoch 14 Tage einplanen.

VERKEHRSMITTEL UND UNTERKÜNFTE: Die Überlandbusse *Car Jaunes* fahren rund um die Insel, auf die Hochebene und in den Cirque de Cilaos, einige der Abstecher sind jedoch mit dem Bus nur schwer zu erreichen. Ideal ist ein kleines, wendiges Mietauto in gutem Zustand, da einige Streckenabschnitte unbefestigt sind. Lassen Sie über Nacht oder an einsamen Parkplätzen nichts offen im Auto liegen, Einbrüche in Mietautos kommen nicht selten vor. Unterkünfte sollten im Voraus reserviert werden.

Die Tour beginnt am **Flughafen Roland Garros** im Ortsteil Gillot nahe der Stadt Ste-Clotilde. Auf der Autobahn fahren Sie in Richtung Osten, vorbei an den kleinen Städtchen Ste-Marie und Ste-Suzanne. Rechts und links liegen Zuckerrohrfelder, gelegentlich erspäht man eine palmengesäumte Allee, die zu einem alten Herrenhaus führt. In Bras Panon biegen Sie auf die alte Route Nationale ab und erreichen bald die **Coopérative de Vanille** › S. 134, deren interessante Ausstellung über die Herstellung der Bourbonvanille informiert. Ein lohnenswerter Abstecher führt über eine schmale Straße zum **Bassin de la Paix** › S. 134, in das sich ein schöner Wasserfall stürzt. Hier beginnt ein Wanderweg zu einem zweiten See mit Wasserfall, dem **Bassin de la Mer,** in dem man auch schwimmen kann.

Die N 2 führt nun recht nah am Ufer entlang über **St-Benoît** › S. 134 nach Süden; sie wird jetzt schmaler, etwas weniger befahren und schlängelt sich durch Felder bis zum kleinen Ort **Ste-Anne** › S. 134 mit seiner kuriosen Kirche. Weiter südlich wird das tiefe Tal der **Rivière de l'Est** überquert. Parallel zur modernen Brücke überspannt die historische Hängebrücke, **Pont des Anglais,** den Fluss, der nach Regenfällen stark anschwillt. › mehr S. 16 Punkt ㉙ Kurz darauf durchfahren Sie die Ortschaft **Ste-Rose** › S. 135. Am Kreisel führt eine Stichstraße zu einem kleinen Hafen am Meer, hier erhascht man erste Blicke auf die felsige Südküste. Weiter in Richtung Westen spürt man den Einfluss des Vulkans immer deutlicher, die Kirche von **Piton Ste-Rose** › S. 135 wurde einst beim Ausbruch 1977 von Lavaflüssen umzingelt. Etwas lieblicher präsentiert sich die Fischerbucht **Anse des Cascades** › S. 135, zu der sich eine kleine Straße hinabschlängelt. Unter den Palmen und Sträuchern in Ufernähe locken Picknickplätze, durch die kleinen Bachläufe kann man bis zur Felsenwand laufen, an der sich kleine Wasserfälle hinabstürzen. Die Naturgewalten haben die Landschaft an den südöstlichen Flanken des Vulkans immer wieder verändert. In den letzten Jahren fanden Ausbrüche gelegentlich auch außerhalb des Hauptkraters statt, mehrfach floss die Lava bis ins Meer. Die frischen erstarrten Lavaflüsse sind an ihrer tiefschwarzen Farbe deutlich erkennbar.

Kurz vor Le Tremblet verlässt man den inneren Kraterbereich. Die schmale Küstenstraße schlängelt sich jetzt durch kleine Ortschaften mit vie-

len traditionellen kreolischen Häusern bis nach **St-Philippe** › S. 136. Bei
Langevin führt eine Straße entlang der Rivière Langevin durch ein schmales
Tal. Gegen Ende der teilweise steilen Straße, kurz vor der Ortschaft Grand
Galet, stürzt sich der Wasserfall **Cascade de la Grande Ravine** › S. 137 in die
Tiefe. Die nächste größere Ortschaft entlang der Hauptstraße ist **St-Joseph**
› S. 137; einige Kilometer dahinter gelangt man zur wunderschönen Bucht
von **Grand Anse** › S. 137 mit weißem Sandstrand. Das Schwimmen im Meer
ist hier zu gefährlich, man plantscht in den angelegten Felsenbecken.

Die Stadt **St-Pierre** › S. 138 bildet das Zentrum des Südens und eignet
sich zum Bummeln in den steilen Straßen des Stadtkerns oder an der Uferpromenade. Eine vierspurige Straße führt über Le Tampon in Richtung
Hochplateau und erreicht nach zahlreichen Kurven **Bourg-Murat**. Die Ortschaften am Wegesrand erhielten ihre Namen entsprechend der Entfernung
von der Küste: Le Dix-Septième liegt z. B. 17 km hinter St-Pierre. In Bourg-
Murat befindet sich das sehenswerte Museum **La Cité du Volcan** › S. 139.
Hinter ihm beginnt die Forststraße, die über die karge **Plaine des Sables**
› S. 132 bis an den äußeren Kraterrand des **Piton de la Fournaise** › S. 132
führt. Die Fahrt zum Vulkan und eine Wanderung in den Krater sind Hö-
hepunkt eines jeden Besuchs auf Réunion. Zurück geht es auf dem gleichen
Weg an die Südwestküste und weiter bis **St-Louis**.

In St-Louis beginnt die kurvige Straße, die in den **Cirque de Cilaos**
› S. 111, 126 führt. An jeder Ecke eröffnet sich atemberaubende Blicke in die
zerklüftete Landschaft im Herzen der Insel. Auch hier gibt es für den Rück-
weg keine Alternative; über St-Louis, vorbei an der Zuckerrohrraffinerie
Sucrerie du Gol, geht es weiter gen Norden über **Étang-Salé-les-Bains**
› S. 124 auf der alten Küstenstraße Nr. 1 bis **St-Leu** › S. 123. **Les Souffleurs**
› S. 124 heißt ein Loch im Lavagestein neben einer kleinen Haltebucht – die
Wucht der Wellen drückt Seewasser hindurch, das hoch aufspritzt. Am
Ortsausgang liegt die ehemalige Schildkrötenfarm, die in das Forschungs-
zentrum Kelonia-Observatorium für Meeresschildkröten umgewandelt
wurde. Bleibt man auf der Landstraße N 1, beginnt bei La Saline die größte
Lagune der Insel, die sich über 24 km Länge bis nach **St-Gilles-les-Bains**
› S. 119 erstreckt. **L'Hermitage** und **St-Gilles** sind die Hauptbadeorte der In-
sel mit Bars, Diskotheken, vielen Restaurants, schönem Aquarium und Ha-
fengelände. Nördlich davon liegt einer der beliebtesten Strände, **Boucan-
Canot,** in einer kleinen Bucht kurz vor Beginn der Steilküste, an der entlang
sich die Straße bis **St-Paul** › S. 118 schlängelt. Auf der vierspurigen Autobahn
geht es von hier vorbei am einzigen Tiefseehafen der Insel Le Port nach **La
Possession**. Hier landeten die ersten Besucher der Insel und wohnten in
Höhlen, die man noch besichtigen kann. Auf dem alten Friedhof Cimetière
Marin am südlichen Ortsausgang liegen die Gräber berühmter Piraten und
Seefahrer. Auf der **Route du Littoral,** der Uferautobahn, geht es unterhalb
der Klippen am Meer entlang bis in die Hauptstadt St-Denis.

INFOS VON A–Z

ÄRZTLICHE VERSORGUNG

Für beide Ziele sollte man eine Reise-
krankenversicherung abschließen, die
einen medizinisch sinnvollen Rücktrans-
port umfasst.

Mauritius: Eine Behandlung in den
staatlichen Krankenhäusern (Port Louis,
Curepipe, Quatre Bornes) ist kostenlos,
der Standard entspricht jedoch nicht europäischen Verhältnissen. Die Behandlung in gut ausgestatteten privaten Klini-
ken und Arztpraxen muss bar bezahlt
werden. Für Tauchunfälle steht eine Dekompressionskammer zur Verfügung:
Special Mobile Force, Tel. 686-10 11.

Réunion: Das Netz von Apotheken, Ärz-
ten und Krankenhäusern ist dicht, die
Versorgung kann sich mit westeuropäi-
schem Standard messen.

DEVISENBESTIMMUNGEN

Mauritius: Fremd- und Landeswährung
dürfen in jeder Form unbegrenzt eingeführt werden.

Réunion: Ein- und Ausfuhr von Fremd-
währungen ist unbeschränkt. Beträge
über 21 000 € sind zu deklarieren.

DIPLOMATISCHE VERTRETUNGEN

• **Mauritius:**
  Deutsches Honorarkonsulat:
  Royal Rd., St-Antoine, Goodlands,
  Tel./Fax 283 75 00,
  goodlands@hk-diplo.de
  Österreichisches Honorarkonsulat:
  MSC House, Old Quay 'D' Road,
  Port Louis,
  Tel. 202-68 68, Fax 217-47 47,
  rene.sanson@msc.mu
  Schweiz: Generalkonsulat Port Louis,
  24, avenue des Hirondelles,
  Quatre Bornes, Mauritius,
  Tel./Fax 427-5507,
  mauritius@honrep.ch

• **Réunion:**
  Deutsches Honorarkonsulat:
  St-Denis 64, ave Eudoxie Nonge,
  Sainte-Clotilde,
  Tel. 02 62 73 68 98, Fax 97 37 74,
  st-denis@hk-diplo
  Österreich: Botschaft in Paris,
  Tel. 01 40 63 30 90,
  Fax 01 45 55 63 65 (ohne
  internationale Vorwahl),
  paris-ob@bmeia.gv.at
  Schweiz: 7, rue des Pétrels,
  97434 Saint Gilles les Bains,
  Tel. 0262 692 66 32 55,
  reunion@honrep.ch

EINREISE

Jedes Kind, egal welchen Alters, braucht
ein eigenes Reisedokument.

Mauritius: EU-Bürger und Schweizer
benötigen bei einem Aufenthalt bis zu
drei Monaten einen bei Ankunft noch
6 Monate gültigen Reisepass sowie ein
Rückflugticket.

Réunion: EU-Bürger und Schweizer benötigen für einen Urlaub den gültigen
Personalausweis oder Reisepass.

ELEKTRIZITÄT

Auf Mauritius und Réunion 220 Volt. Ad-
apter sind überall erhältlich.

FEIERTAGE

• **Mauritius:** 1. und 2. Januar (Neujahr),
  1. Februar (Abschaffung der Sklaverei),
  12. März (Tag der Unabhängigkeit),
  1. Mai (Tag der Arbeit),
  15. Aug. (Mariä Himmelfahrt),
  2. Nov. (Ankunft der ersten indischen
  Immigranten),
  25. Dez. (Weihnachten).
• **Réunion:** 1. Januar (Neujahr),
  Ostermontag,
  Pfingstmontag (offiziell abgeschafft),

1. Mai (Tag der Arbeit),
8. Mai (Kriegsende 1945),
Christi Himmelfahrt,
14. Juli (Nationalfeiertag),
15. Aug.(Mariä Himmelfahrt),
1. Nov. (Allerheiligen),
11. Nov. (Waffenstillstand 1918),
20. Dez. (Tag der Sklavenbefreiung),
25. Dez. (Weihnachten).

GELD UND WÄHRUNG

Mauritius: Landeswährung ist die Rupie (Rs), unterteilt in 100 Cents (Cs). Größere Geschäfte, Restaurants und Hotels akzeptieren Kreditkarten.

Réunion: Landeswährung ist der Euro. Die Bezahlung mit Kreditkarten ist weit verbreitet. An Geldautomaten kann man mit der EC/Maestro-Karte, Master Card, der Visa- oder Cirrus-Karte Geld abheben.

GESUNDHEIT

Besondere Impfungen sind für weder für Mauritius noch Réunion erforderlich, es sei denn, man reist aus einem Infektionsgebiet ein. Empfohlen werden Impfungen gegen Tetanus, Polio und Hepatitis A. Auf Mauritius besteht ein sehr geringes Malariarisiko. Das Leitungswasser hat Trinkwasserqualität. Schützen Sie sich vor Sonneneinstrahlung und v.a. vor Insektenstichen: Auf beiden Inseln übertragen Mücken das Chikungunya-Fieber, eine Art entzündliche Arthrose. Insektenschutzmittel und das Tragen von langen Hosen und langärmeligen Hemden in der Dämmerung schützt, wie auch das Aktivieren der Klimaanlage und schlafen unter einem Moskitonetz. Oberhalb von ca. 700 m gibt es keine Überträgermücken.

INFORMATION

- **In Deutschland:**
  Mauritius Tourism Promotion Authority, c/o Aviareps Tourism, Josephspitalstr. 15, 80331 München, Tel. 0 89/55 25 33 825, mauritius@aviareps.com, www.tourism-mauritius.mu www.aviareps.com
- **Fremdenverkehrsbüro Réunion,** c/o ATOUT FRANCE, Postfach 100128, 60001 Frankfurt/M, Fax Fax 069/74 55 56, insel-la-reunion@reunion.fr, www.reunion.fr/de/
- **In der Schweiz:**
  Mauritius Tourism Promotion Authority, Airline & Tourism Center GmbH, Aviareps Switzerland, Badenerstrasse 15, 8004 Zürich, Tel. 044/286 99 56, Mauritius-Switzerland@aviareps.com, auch für Anfragen aus Österreich.
  Atout France, Rennweg 42, Postfach 3376, 8021 Zürich, Tel. 044/217 46 00, www.france.fr
- **In Österreich:**
  Atout France, Prinz-Eugen-Str. 72 (kein Kundenverkehr), 1040 Wien, Tel. 01/503 28 92 (0,68 €/Min.), info.at@franceguide.com
- **Auf Mauritius:**
  Mauritius Tourism Promotion Authority (MTPA)
  Victoria House, St. Louis Street, Port Louis, Tel. 0 02 30/210-1545 Fax 212-5142, mtpa@intnet.mu www.tourism-mauritius.mu
- **Auf Réunion:**
  helfen die örtlichen Fremdenverkehrsbüros. Übersicht unter www.reunion.fr

KLEIDUNG

Nehmen Sie nach **Mauritius** leichte Kleidung und für den Abend eine warme Jacke mit. In großen Hotels ist am Abend angemessene Kleidung erwünscht. »Oben ohne« ist verpönt.

Für **Réunion** sollte man zusätzlich auch warme Kleidung sowie feste Schuhe einpacken. »Oben ohne« wird an den öffentlichen Stränden akzeptiert.

NOTRUF

- **Mauritius:** Feuerwehr:
  Tel. 995 oder 112 aus Mobilnetz;
  Polizei Tel. 999, 115;
  Krankenwagen: Tel. 114
- **Réunion:** Feuerwehr: Tel. 18;
  Polizei: Tel. 17;
  Medizinische Hilfe: Tel. 15

ÖFFNUNGSZEITEN

- **Mauritius:** Geschäfte Mo–Fr 9–17,
  Sa 9–12 Uhr, in Curepipe Do nach-
  mittags geschl.;
  Banken Mo–Fr 9–15.30, Sa 9–12 Uhr,
  Märkte Mo–Sa 6–18, So 6–12 Uhr.
- **Réunion:** Geschäfte Mo–Sa 8.30–12,
  14.30–18 Uhr; Banken Mo–Fr 8–16 Uhr.

POST / INTERNET

Mauritius: Die Hauptpost, Quai Street,
Port Louis, ist Mo–Fr 8.15–11.15, 12–16, Sa
8.15–11.45 Uhr geöffnet. Viele Hotels bieten einen Internetzugang an.

Réunion: Das Hauptpostamt (PTT, 60,
rue Maréchal-Leclerc, St-Denis) ist Mo bis
Fr 8–12, 14–18, Sa 8–12 Uhr geöffnet. Inter-
netcafés nur in Städten.

TELEFON / HANDY

Internationale Vorwahl für **Mauritius:**
0 02 30. Vorwahl nach Deutschland:
00 49, nach Österreich: 00 43, in die
Schweiz 00 41. Die öffentlichen Fernspre-
cher werden mit Münzen oder mit einer
Telefonkarte (erhältlich in Supermärkten
oder bei der Post) bedient. Die Benutzung
von Handys im Standard GSM 900 ist
überall möglich.

Internationale Vorwahl für **Réunion:**
00 262. Vorwahl nach Deutschland: 00 49,
nach Österreich: 00 43, in die Schweiz:
00 41. Die meisten öffentlichen Fernspre-
cher sind mit Kartentelefonen ausgestat-
tet. Telefonkarten (télécartes) sind bei der
Post oder in Geschäften erhältlich. Handys können in den Standards GSM 900/
1800 problemlos benutzt werden.

ZEIT

Die Uhren müssen für Mauritius im europäischen Winter um 4 Stunden vorge-
stellt werden (MEZ + 4 Std.), für Réunion
um 3 Stunden, während der europäischen
Sommerzeit von März bis Oktober in beiden Zielen um 2 Stunden.

ZOLLBESTIMMUNGEN

Mauritius: Die Einfuhr von Betäubungs-
mitteln, Rohzucker, Waffen und Munition
ist verboten. 200 Zigaretten, 50 Zigarren
oder 250 g Tabak, 1 l Spirituosen, 4 l Wein
und 0,1 l Parfüm dürfen zollfrei eingeführt werden.

Bei Wiedereinreise ins Heimatland sind
p. P. über 17 Jahre Geschenke bis zu 430 €
bzw. 300 CHF zollfrei.

Réunion: Hier gelten die Zollbestim-
mungen der EU. Tiere und Pflanzen dürfen nur mit Sondergenehmigung eingeführt werden. Zollfrei erlaubt sind 250 g
Tabak, 200 Zigaretten, 2 l Wein und 1 l
Spirituosen. Ausgenommen Duty-free-
Waren. Eingekaufte Waren bis 880 € dürfen ein- bzw. ausgeführt werden.

Bei Wiedereinreise in die Schweiz sind
p. P. über 15 Jahre 200 Zigaretten oder
50 Zigarren oder 250 g Tabak, 2 l Wein, 1 l
Spirituosen, 500 g Kaffee, 100 g Tee, 50 g
Parfüm und Geschenke bis zu 300 CHF
zollfrei.

💬 URLAUBSKASSE

	Mauritius / Réunion
• Tasse Kaffee	1 € / 1,20 €
• Softdrink	0,70 € / 1,50 €
• Glas Bier	1,20 € / 2 €
• Samoussas / Thunfisch-Sandwich	0,40 € / 3 €
• Kugel Eis	0,40 € / 1,50 €
• Taxifahrt ca. 10–12 km	4 € / 20 €
• Mietwagen/Tag	50 € / 50 €

REGISTER

MAURITIUS UND RODRIGUES

Anreise 27
Anse aux Anglais 105
Anse Mourouk 108

Baie aux Huîtres 101
Balaclava 70
Baladirou 106
Beau Champ 84
Belle Mare Plage 83
Blaue Mauritius 51
Blue Bay 92
Bois Cheri 87
Boucan-Canot 119
Bourg-Murat 139

Cap Gris Gris 89
Cap Malheureux 69
Carrière de Corail 102
Casela World of Adventures 98
Cavadee 50
Caverne Patate 102
Chamarel 95
Cité du Volcan 139
Coin de Mire 81
Curepipe 68

De Chazal, Malcolm 49
Divali 51
Domaine Les Pailles 75

Eid el Adha 50
Essen 52
Euréka 75

Feste 50
Flic en Flac 97
Fliegende Hunde 108
Floréal 68
François Leguat Tortoise Reserve 102

Ganga Asnan 51
Geschichte 46
Goodlands 69
Grand Baie 105 77
Grand Bassin 87
Grand Bénard 123
Grand Gaube 69

Holi 51

Île aux Aigrettes 92
Île aux Cerfs 84
Ile aux Cocos 107
Île aux Sables 108
Île d'Ambre 69
Île Plate 81
Îlot Gabriel 81

Klima 26
Kunst & Kultur 48

La Vanille Naturepark 94
Le Morne Brabant 94
Le Pétrin 96
Le Réduit 76
Le Saint Aubin 93
Le Souffleur 88
Le Val 92

Maha Shivaratree 51
Mahébourg 91
• Marinemuseum 91
• Wochenmarkt 91
Maison Créole Euréka 49
Maison du Volcan 132
Mare aux Vacoas 87
Märkte 91
Moka 76
Mont Limon 108
Mont Pouce 76

Nationalpark Gorges de la Rivière Noire 96

Ougadi 50

Pamplemousses 81
Paul und Virginie 49, 69
Père Laval, Priester 51
Péreybère 80
Petit Gravier 106
Pieter Both 76
Piton de Maïdo 122
Plaine des Sables 132
Plaine Mapou 101
Pointe aux Canonniers 69, 76
Pointe aux Roches 90
Pointe Coton 106
Pointe Venus 105
Port Louis 72
• Blue Penny Museum 73
• Caudan Waterfront 73
• Chinesenviertel 72
• Fort Adélaïde 74
• Jummah-Moschee 72
• Musée de la Photographie 74
• Natural History Museum 74
• Postal Museum 73
• Regierungspalast 73
• St-Louis-Kathedrale 74
• Zentralmarkt 72
Port Mathurin 104
Poudre d'Or 69

Quatre Bornes 68
Quatre Vents 108

Riambel 94
Roche Écrite 123
Rochester Falls 89
Rodrigues 23

Saint Gabriel 108
Schiffsmodelle 50, 69

Séga 48
Shopping 78
Sport 32
Strände 37, 93

Tamarin 98
Teemeedee 51
Terres des Couleurs 96
Triolet 77, 83
Trou aux Biches 76
Trou aux Cerfs 68
Trou d'Eau Douce 84

Yaum un Nabi 50

LA RÉUNION

Anse des Cascades 135

Bassin de la Mer 134
Bassin de la Paix 134
Bras Panon 134

Cascade de la Grande
  Ravine 137
Cascades du Voile de
  la Mariée 129
Cavadée 60
Cilaos 125
Cirque de
• Cilaos 111, 114, 126
• Mafate 123, 126
• Salazie 126, 129
Coopérative de
  Vanille 134
de Lisle, Leconte 58

Dipavali 60, 61

Entre-Deux 114
Étang-Salé-les-Bains
  124
Exotica 126, 139
Fest der Musik 60
Fest zur Sklaven-
  befreiung 61
Forêt de Bélouve 130

Gauvin, Axel 58
Grande Anse 137
Grand Étang 130

Hell-Bourg 129

Îlet à Cordes 113

Jardin des Parfums et
  des Epices 136

Kelonia-Observatorium
  für Meeresschild-
  kröten 123
Klima 26
Kunst & Kultur 58
Kunsthandwerkerdorf
  l'Eperon 123

La Fenêtre 125
La Petite France 123
La Possession 151
La Réunion ff 109
Le Dimitile 114
Le Domaine du Café
  Grillé 139
Le Grand Raid 60
Le Pavillon 113
Les-Colimaçons-les-
  Hauts 111
Les Makes 125
Les Souffleurs 124
Le Tampon 132
L'Hermitage-les-Bains 120

Maha Shivaratree 60
Marche sur le feu 60
Moring 58
Musée du Sel 124

Observatoire Astrono-
  mique 125

Piton de la Fournaise
  132, 139
Piton des Neiges 126
Plaine des Palmistes 130

Réserve Nationale de
  Mare-Longue 136
Roches Noires 120
Route du Littoral 116

St-Denis 114
• Altes Rathaus 115
• Große Moschee 115
• Hauptpostamt 115
• Hôtel de la
  Préfecture 115
• Jardin de l'Etat 115
• Kathedrale Ste-Marie 115
• Markthallen 115
• Musée Léon Dierx 115
• Naturgeschichtliches
  Museum 115
• Pagode Guan-Di 116
• Palais Rontaunay 115
• Park Le Barachois 116
• Place du Barachois 115
• Standbild des Gouver-
  neurs Mahé de La-
  bourdonnais 115
• Universität 115
• Zweite Präfektur 115
Salazie 129
Sport 32
St-André 133
St-Benoît 134
Ste-Anne 134
Stella Matutina 124
Ste-Rose 135
St-Gilles-les-Bains 119
St-Gilles-les-Hauts 122
St-Joseph 137
St-Leu 123
• Wallfahrtskirche Notre-
  Dame-de-la-Salette 124
St-Paul 118
St-Philippe 136
St-Pierre 126, 138

Tamilisches Neujahrs-
  fest 60

Wandern 121

BILDNACHWEIS

Liebe Leserin, lieber Leser,
wir freuen uns, dass Sie sich für diesen POLYGLOTT on tour entschieden haben.
Unsere Autorinnen und Autoren sind für Sie unterwegs und recherchieren sehr gründlich,
damit Sie mit aktuellen und zuverlässigen Informationen auf Reisen gehen können.
Dennoch lassen sich Fehler nie ganz ausschließen. Wir bitten Sie um Verständnis, dass der
Verlag dafür keine Haftung übernehmen kann.

Ihre Meinung ist uns wichtig. Bitte schreiben Sie uns:
GRÄFE UND UNZER VERLAG
Postfach 86 03 66, 81630 München, Tel. 0 89 / 419 819 41
www.polyglott.de

LESERSERVICE
polyglott@graefe-und-unzer.de
Tel. 0 800 / 72 37 33 33 (gebührenfrei in D, A, CH), Mo–Do 9–17 Uhr, Fr 9–16 Uhr

1. Auflage 2019

© 2019 GRÄFE UND UNZER VERLAG GmbH, München
Dieses Buch wurde auf chlorfrei gebleichtem Papier gedruckt.
ISBN 978-3-8464-0457-7

Bei Interesse an maßgeschneiderten B2B-Editionen:
gabriella.hoffmann@graefe-und-unzer.de

Bei Interesse an Anzeigen:
KV Kommunalverlag GmbH & Co. KG
Tel. 089/928 09 60
info@kommunal-verlag.de

Verlagsleitung: Grit Müller
Verlagsredaktion: Anne-Katrin Scheiter
Autoren: Wolfgang Rössig, Anja Bech
Redaktion: Buch und Gestaltung, Britta Dieterle
Bildredaktion: Marie Danner
Mini-Dolmetscher: Langenscheidt
Umschlaggestaltung & Layout:
Independent Medien Design, München
Horst Moser (Artdirection), Lucie Heselich
Karten und Pläne: Theiss Heidolph und Kunth Verlag GmbH & Co. KG
Satz: uteweber-grafikdesign
Herstellung: Anna Bäumner, Gloria Schlayer
Druck und Bindung: Printer Trento, Italien

PEFC/18-31-506

Ein Unternehmen der
GANSKE VERLAGSGRUPPE

MINI-DOLMETSCHER FRANZÖSISCH

ALLGEMEINES

Guten Tag.	Bonjour. [bösehur]
Hallo!	Salut! [ßalü]
Wie geht's?	Ça va? [ßa wa]
Danke, gut.	Bien, merci. [bjē märßi]
Ich heiße ...	Je m'appelle ... [sehö mapäll]
Auf Wiedersehen.	Au revoir. [o röwoar]
Morgen	matin [matē]
Nachmittag	après-midi [aprämidi]
Abend	soir [ßoar]
Nacht	nuit [nüi]
morgen	demain [dömē]
heute	aujourd'hui [osehurdüi]
gestern	hier [jär]
Sprechen Sie Deutsch?	Parlez-vous allemand? [parle wu almā]
Wie bitte?	Pardon? [pardō]
Ich verstehe nicht.	Je ne comprends pas. [sehö nö kōprā pa]
Sagen Sie es bitte nochmals.	Pourriez-vous répéter, s'il vous plaît. [purje wu repete ßil wu plä]
..., bitte.	..., s'il vous plaît. [ßil wu plä]
danke	merci [märßi]
Keine Ursache.	De rien. [dö rjē]
was / wer / welcher	quoi / qui / quel [koa / ki / käll]
wo / wohin	où [u]
wie / wie viel	comment / combien [komā / kōbjē]
wann / wie lange	quand / combien de temps [kā / kōbjē dö tā]
warum	pourquoi [purkoa]
Wie heißt das?	Comment ça s'appelle? [komā ßa ßapäll]
Wo ist ...?	Où est ...? [u ä]
Können Sie mir helfen?	Pouvez-vous m'aider? [puwe wu mäde]
ja	oui [ui]
nein	non [nō]
Entschuldigen Sie.	Excusez-moi. [äksküse moa]
Das macht nichts.	Ça ne fait rien. [ßa nö fä rjē]
Gibt es hier eine Touristeninformation?	Est-ce qu'il y a une information touristique ici? [äskilja ün ēformaßjō turistik ißi]
Haben Sie einen Stadtplan?	Avez-vous un plan de la ville? [awe wus ē plā dö la wil]
geschlossen	fermé [färme]

SHOPPING

Wo gibt es ...?	Où est-ce qu'il y a ...? [u äskilja]
Wie viel kostet das?	Ça coûte combien? [ßa kut kōbjē]
Das ist zu teuer.	C'est trop cher. [ßä tro schär]
Das gefällt mir. / Das gefällt mir nicht.	Ça me plaît. / Ça ne me plaît pas. [ßa mö plä / ßa nö mö plä pa]
Wo gibt es hier eine Bank?	Où est-ce qu'il y a une banque ici? [u äskilja ün bäk ißi]
Ich suche einen Geldautomaten.	Je cherche un guichet automatique. [sehö schärsch ē gischä otomatik]
Geben Sie mir 100 g Käse.	Donnez-moi cent grammes de fromage. [done moa ßā gram dö fromaseh]
Haben Sie deutsche Zeitungen?	Avez-vous des journaux allemands? [awe wus de sehurno almā]

ESSEN UND TRINKEN

Die Speisekarte, bitte.	La carte, s'il vous plaît. [la kart ßil wu plä]
Brot	pain [pē]
Kaffee	café [kafe]
Tee	thé [te]
mit Milch / Zucker	au lait / sucre [o lä / ßükrə]
Orangensaft	jus d'orange [sehü doraseh]
Suppe	soupe [ßup]
Fisch / Meeresfrüchte	poisson / fruits de mer [poassō / früi dö mär]
Fleisch / Geflügel	viande / volaille [wjād / wolaj]
Beilage	garniture [garnitür]
vegetarische Gerichte	cuisine végétarienne [küisin wesehetarjänn]
Eier	œufs [öh]
Salat	salade [ßalad]
Dessert	dessert [dessär]
Obst	fruits [früi]
Eis	glace [glass]
Wein	vin [wē]
Bier	bière [bjär]
Aperitif	apéritif [aperitif]
Wasser	eau [o]
Mineralwasser	eau minérale [o mineral]
Limonade	limonade [limonad]
Ich möchte bezahlen.	L'addition, s'il vous plaît. [ladißjō ßil wu plä]